來知德全集（輯校）

第五册

來瞿唐先生日録·上（影印）

〔明〕來知德 撰

郭東斌 主編

劉重來 薛新力 學術審稿

國家出版基金項目
NATIONAL PUBLICATION FOUNDATION
重慶市出版專項資金

重慶出版集團 重慶出版社

圖書在版編目（CIP）數據

來瞿唐先生日録．上 /（明）來知德撰；郭東斌主編．
— 影印本．— 重慶：重慶出版社，2021.6
（來知德全集：輯校）
ISBN 978-7-229-15302-1

Ⅰ．①來… Ⅱ．①來… ②郭… Ⅲ．①來知德（1525-1604）—文集 Ⅳ．① B248.99-53

中國版本圖書館 CIP 數據核字 (2020) 第 189912 號

來瞿唐先生日録 · 上（影印）
LAI QUTANG XIANSHENG RI LU · SHANG（YINGYIN）
〔明〕來知德 撰 郭東斌 主編

總 策 劃： 郭 宜 鄭文武
責任編輯： 郭 宜 王 娟 陳大衛
美術編輯： 鄭文武 王 遠
責任校對： 何建雲
裝幀設計： 王芳甜

重慶出版集團
重慶出版社 出版
重慶市南岸區南濱路 162 號 1 幢　郵編：400061　http://www.cqph.com
重慶市聖立印刷有限公司印刷
重慶出版集團圖書發行有限公司發行
E-MAIL:fxchu@cqph.com　郵購電話：023-61520646
全國新華書店經銷

開本：787mm × 1092mm　1/16　印張：25.25
2021 年 6 月第 1 版　2021 年 6 月第 1 次印刷
ISBN 978-7-229-15302-1
定價：320.00 元

如有印裝質量問題，請向本集團圖書發行有限公司調換：023-61520678

《來瞿唐先生日録・上（影印）》編委會成員

總目録

目録

道光辛卯年重刊

來瞿唐先生日錄

校對無訛

來瞿唐先生日録序

日録者瞿唐先生日所録也曰來瞿唐先生日録者郭督學夢菊公名之也先生所著有四省録簽山稿悟山稿八關稿鋏鳳稿快活庵稿遊吳遊岳諸稿夢菊公總名之曰來瞿唐先生日録云先生之家世有碩德曾大父曾作宜良令有善政致仕後以俸金貸人終身之日盡焚其券大父好浮居家貲皆捐焉父諱朝拾金還主先生生時母丁夢人空中駕鶴至庭鶴欲鳴其人撫其頂曰不不不

故先生别號不不子至稍長先生嘗夢鶴立十二巫峰之巔故先生又號十二峰道人（已前俱見先生年譜）嘉靖壬子中式第五明倫堂石刻偶生靈芝五采奪目識者已知先生不凡矣先生辭作興百金大巡喻吳阜公喜此榜得人以清節可風表其門過京師見薛敬軒録遂潛心理學而人未之知也尋以父病痺母病目焚引侍養及父母没廬墓六年時夢菊公守夔謂先生詩録其文蔚然有陶韋之風流學録其理淵然得薛胡之正脉董顧菴公謂先

生則由然與人相偕春風藹然得聖人之和一介
不取與得聖人之清范具憲羅 岡公謂先生楊馬
之文曾閔之行大巡孫肖堂公 施先生爲三川高
士余舊時去成都得登先生之廬覩其松竹悠悠
菀然太古無懷氏之民也先生 事伯兄如事父以
田租代姪勞力之不足族中子 弟貧寒者乃養之
教之名其所居爲快活庵凡六 經百家諸書無一
不讀樂道甘貧擁膝長吟常自 比李白所著詩中
更無一愁字先是先生戊辰遊 吳過京師古建吾

公送先生遊山資不受余竊疑之至丁丑先生遊峨眉余與家兄送至忠州周東郊公送遊山資先生亦不受至舟中余問之曰何以不受先生曰鴻鴈啄人間粟决不能摩霄余私語家兄曰顧庵公長謂先生有伯夷之清於兹見矣然亦止知先生文章道德爲一世之人豪也及癸未先生復遊鐵鳳余於篋中見所解大學古本余讀之汗出始知千載眞儒直接孔氏之絕學者先生也雖朱程復生亦必屈服豈知孔氏之學至今日方大明也哉

夫以先生之才之行之學乃祖宗列聖教化養育所間出者鳳毛麟角世不常有蓋非止三川之士而已也逆知先生必不能遂長往山林之願但孔子且有莫我知也之嘆余與先生同郡固先生之鍾子期也因僭以先生始終大略明白直書之引於篇首諒天下後世必有名筆敘先生之書者先生諱知德字矣鮮瞿唐其別號也世爲夔州梁山人其曰自比李白蓋先生自象其面必有所激因有所託而逃云萬歷癸未中秋日夔州傅時望撰

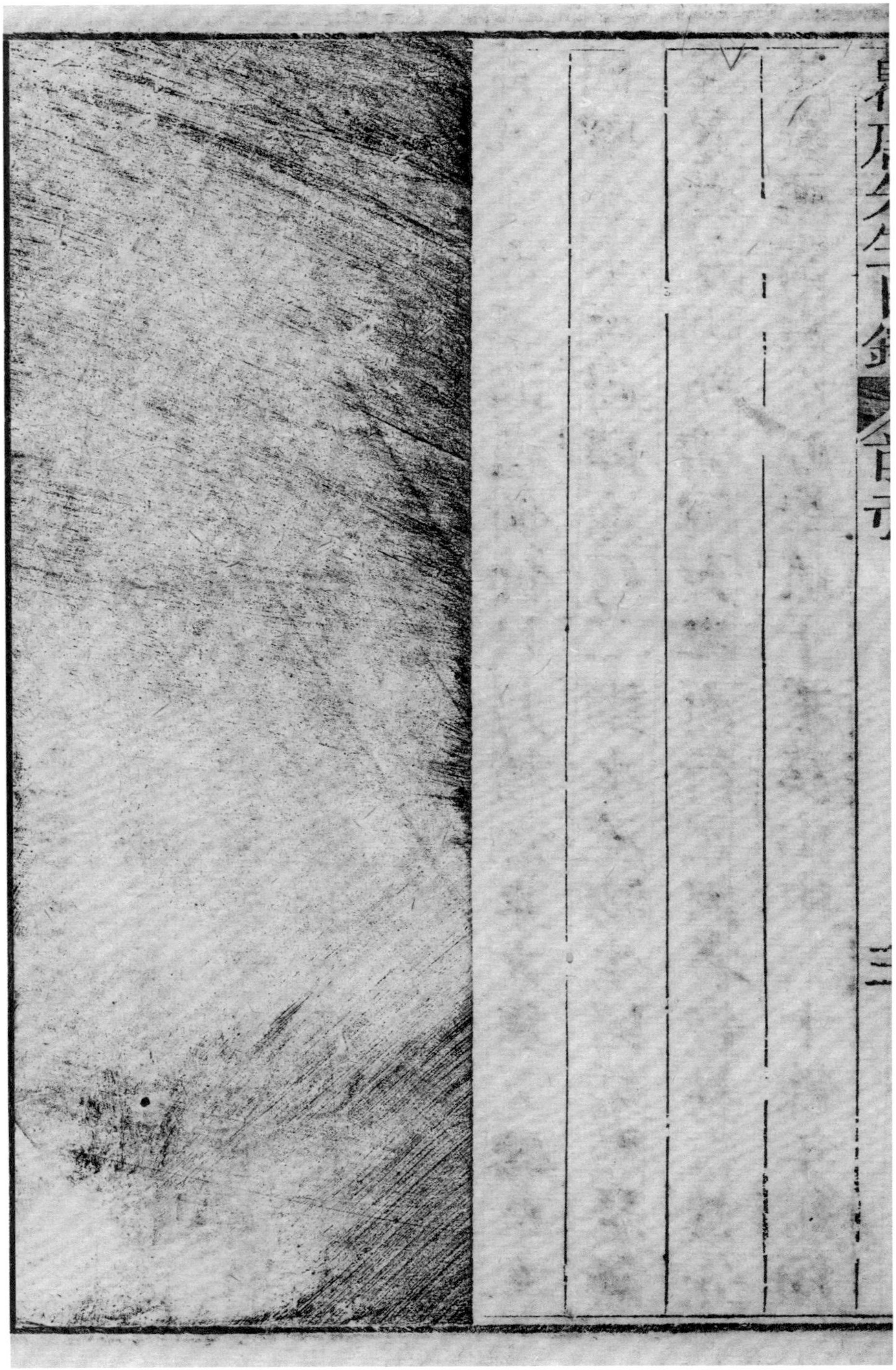

來瞿唐先生日録序

來先生註易本心契著錯綜妙義乎爲刻而流布之其日録十一卷爲内篇者六爲外篇者五乎覽竟作而嘆曰嗟乎古人寄慨于隙駒傷逝于流水夫非惜此日哉故湯警日新曾凜三省乾乾之行體天同健蓋人生而不聞道俯仰日月積愆累尤與瓦礫草木同擲亦不可得聞而行之則水流物生回琹點瑟無非是物是則所謂同天地而行江河者豈易言哉先生塵視富貴沉心學道于求溪山中三十餘年居顏

子之陋巷坐堯夫之安樂其才故豪斂而爲學學故博悟而爲性性者命于天而與天遊者也說天莫辨乎易故先生所爲弄圓圖太極圖神明乎濂溪先生之旨而悟夫天地古今治亂消息之所以然以其悟者證瀓曾顏眞實之學故合大學古本要歸於格物格物卽證以克己而剔欲認理于作止語默之間工夫人事造化天道故其動履準繩而言成文章了于知謂之省覺驗于用謂之省事拙于文謂之字義游于聲謂之詩賦放懷豪廓歸宿仁義先生漫以李白

自託而斷然以公卿難到聖人可學自許非欺我也先生初舉孝廉卽却百金餽遺于兩尊人生而孝養歿而廬墓冰蘖之操終身一轍行藏之際有同水雲此豈肎處士之虛聲揚文人之浮采可同年語哉予故併刻此録與易註偕行俾覽先生書者知下學上達爲日新實境不致抱隙駒逝水之嘆也萬歷辛亥歲端月關中張惟任仲衡父撰

來瞿唐先日録序

自郭青璟先生推舉來先生于朝而海內知先生有易註與日録兩書直指仲衡張公重授之梓流布於世而余不佞因得澄覽其所稱逓盖先生于易義中悟錯綜其數一語此千年秘密而所註明通簡切不爲浮蔓足與蔡虛齋先生蒙引相伯仲日録一書又先生歲時所歷閱身心所磨鍊非若俗儒文字之觧與氣魄擔荷之能也先生抱才故不凡自爲孝廉入京師得薛敬軒先生語録有所開悟以壹力問學余

細展其弄圖格物諸圖則淵源于周茂叔之無欲主靜而瀟洒脫落于邵堯夫之堂室所云三欲迷五性證格物于克已而省事省覺息息不放在在勤行斷然以聖人爲必可至卽謂濂洛以後一人可也然道同太虛而教者所指與學者之各有所入譬之日月光本無全虧而隨眼力所到歸之見日月而止先生指宋儒觀喜怒哀樂未發氣象與靜坐默認及象山之主靜新建之致良知以爲涉于禪宗而竊竊然辨之不敢謂然也佛老之教與吾儒軌物誠黑白相反

而其微而至者則可以心證不可以言傳先生以形為俗流氣為偃佛神為吾儒又抵呵佛氏此杜祁公未讀楞嚴時語也夫儒者之道修身見世時措之宜先生慨今世制科法儆遠遡三代養士之意欲去科目而僅存貢之一途將舉末法而結繩之令先生而用于世未必其盡合矣嗟乎道無奇亦無無奇近世卓吾老人欲以恠破天下之常而竟以恠殺其身來先生欲以平常救天下恠異之習不免執常而岐其同中庸其至難言之矣孟氏有言君子反經而已則

吾從來先生焉以問仲衡先生謂何武林黃汝亨譔

來瞿唐先生日録序

夔之梁山葢有瞿唐來先生云先生躬曾閔之至行秉箕潁之完節抗意雲表游情物外誠士林之清修而明世之高蹈也始以弱冠歌鹿鳴上春官後緣太孺人病樊引侍養抱終棲雲壑之志越二十餘禩有司不一見其面而鄉里士民薰其德以善良眞有若陽城之居晉鄙者予壬申春來爲夔守行部次梁山躬先生之廬乃先生復惠顧秉燭欵語坐逾夜分先生所談吐皆根極理要于時兩院亦廉知先生賢下

有司以元纁旌先生爲三川高士欲致先生一見而不可得乃先生每與予語必驩甚間出所著日録及詩文凡若干卷示予予受而讀之知先生獨探理窟不落言筌至其詩賦時出奇崛語飄飄有凌雲氣寄興於寥廓而歸宿於仁義以遊逍遥之虚即莊周所謂至人者非與庚辰夏予以學使將出蜀避暑龍泉山中先生不遠數百里相送贈古風四章予無以别先生乃次其集而序之庶幾誦先生言如見先生云

萬歷庚辰夏五望日番山人郭棐篤周甫譔

来瞿唐先生日録序

蒼然者天而已天惟得一故時而風雲雷雨時而空廓人不可得而測者以其一也先生戊辰歲遊吳余得侍先生登燕子磯見先生援筆即成數十韻先生天才本高又無書不讀而又加之以講格物之學靈根湛然無欲且山林日久涵養愈深時時不改其樂故其爲文如鞭風驚霆周游六合之外而卒歸於一使人莫知端倪若詩中崑崙崑崙在何處是也禪家謂信手拈來頭頭是道非先生

之文矣乎郭督學服先生爲至人傳刺史一見大
學古本卽汗出以先生千載眞儒直傳仲尼之絶
學雖朱程復生亦必屈服董四府以淸和二聖比
先生信不誣矣然此皆先生所種花木爾若先生
所解大學古本彖新書太極圖弄圓諸篇則先生
之堂奧也四省錄先生之棟宇墻墉也此不過園
林別墅所種之花木其不可曉者則奇花異木也
人見者止此安得窺先生之堂奧乎蓋先生襟懷
灑落如光風霽月不拘拘於繩趨尺步之間其人

品絶似康節而其才則十倍於康節且康節居洛與諸宰執交偶有一字一句人即傳之先生居萬山之中知先生者惟木石鹿豕且先生見人杯酒之間長自比李白絶口不言理學故宜海内知先生者尚少必如是而後其論始定萬歷乙酉仲冬一日吳會張子功識

來瞿唐先生日録總目

弄圓篇

我有一九黑白相和雖是兩分還是一箇大之莫載
小之莫破無始無終無右無左八卦九疇縱橫交錯
今古參前乾坤在坐堯舜周孔約爲一堂我弄其中
琴瑟鏗鏘孔曰太極惟陰惟陽是定吉凶大業斯張
形即五行神即五常惟其能圓是以能方孟曰弄此
有事勿忘名爲浩然至大至剛充塞天地長揖羲皇

太極圖

白者陽儀也黑者陰儀也黑白二路者陽極生陰陰極生陽其氣機未常息也卽太極也其中間一圈乃太極之本體也

此圖與周子之圖少異者非求異於周子也周子之圖散開畫使人易曉此圖總畫解周子之圖者以中間一圈爲太極之本體者非也圖說周子已說盡了故不必贅

○易以道陰陽其理止此矣

○世道之治亂國家之因革山川之興廢王伯之誠僞風俗之厚薄學術之邪正理學之晦明文章之醇漓士子之貴賤賢不肖之進退華夷之强弱百姓之勞逸財賦之盈虛戶口之增減年歲之豐凶舉辟之

詳略以至一草一木之賤一飲一食之微皆不外此圖程子曰天地萬物之理無獨必有對皆自然而然非有安排也于此圖見之矣

○程子見賣兎者曰聖人見河圖洛書而畫八卦然何必圖書只有此兎亦可畫八卦不知程子兎何可以畫八卦學者也須在此研究某平生無過人處只是見古人一句書一件事就下一個死心窮究

○朱子說未有天地之先畢竟先有此理此句可說得少差有物方有理程子說在物爲理說得是

○張子曰物之初生氣日至而滋息物生既盈氣日反而遊散至之謂神以其伸也反之謂鬼以其歸也此圖卽是此道理所以某以月本有盈虧非受日光

○畫此圖時因讀易七日來復見得道理原不斷絕往來代謝是如此因推而廣之作理學辨疑

○七日來復諸儒解之者多然譬喻親切者少來復就譬如扇鐵扯風廂相似將手推去又扯轉來來復者是扯轉來也皆一氣也

○將此圖玩得久就曉得長生所必無之事而講空

寂者亦不知無不終無必至於有有不終有必至於
無也二氏自不能入我之心矣

伏羲卦

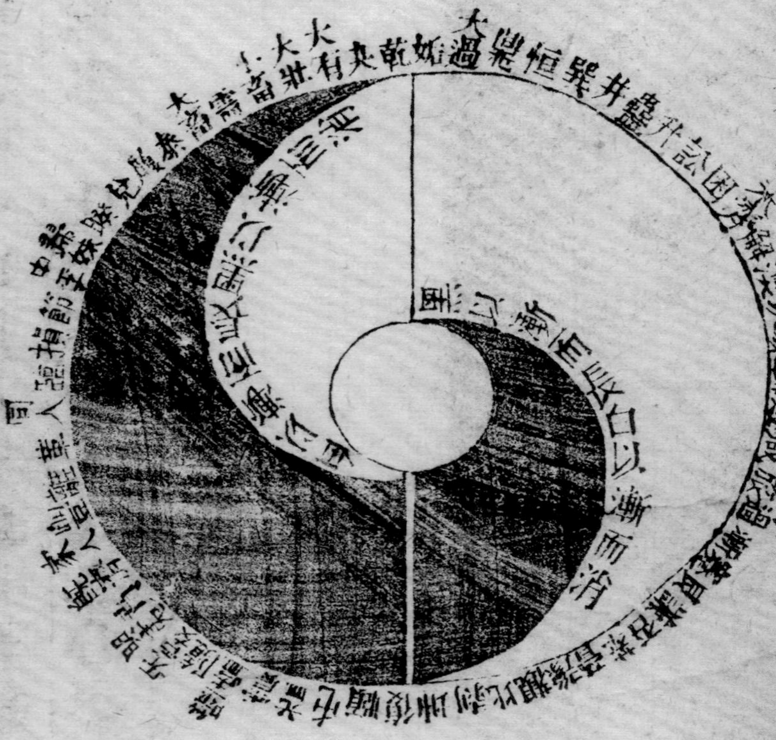

陰以漸而長

乾　姤

夬　遯

大壯　否

泰　觀

臨　剝

復　坤

陽以漸而長

〇白路者一陽復也自復而臨而泰而壯而夬即爲乾之純陽

〇黑路者一陰姤也自姤而遯而否而觀而剥即爲坤之純陰

〇復者天地之生子也未幾而成乾健之體健極則必生女矣是火中之一點水也姤者天地之生女也未幾而成坤順之功順極則必生男矣是水中之一點火也故乾道成男未必不成女坤道成女未必不成男

○坤而復焉一念之醒也而漸至於夬故君子一簣之土可以成山

○乾而姤焉一念之差也而漸至於剝故小人一爝之火可以燎原

○學者只將此圖黑白消長玩味就有長進然非深於道者不足以知之觀此圖者且莫言知造化性命之學且將黑白消長玩安危進退四個字氣象亦已足矣了得此義便就知進知退知存知亡便即與天地合其德日月合其明四時合其序鬼神合其吉凶

故脩德凝道之君子以居上不驕爲下不倍國有道其言足以興國無道其默足以容結之

〇卦乃伏羲所畫也初畫此圖時也無傳授只見得天地間止有陰陽止有此消息盈虛生死始終大小長短之理畫圖于壁毎日玩之亦非求合于伏羲之卦也偶一日見序卦此圖合之可見造化自然之數非有所安排也而伏羲千古之秘于此圖盡泄矣

〇張横渠云爲天地立心爲生民立命爲去聖繼絶學爲萬世開太平做儒者必須如此不要做小小伎

儞

伏羲八卦方位

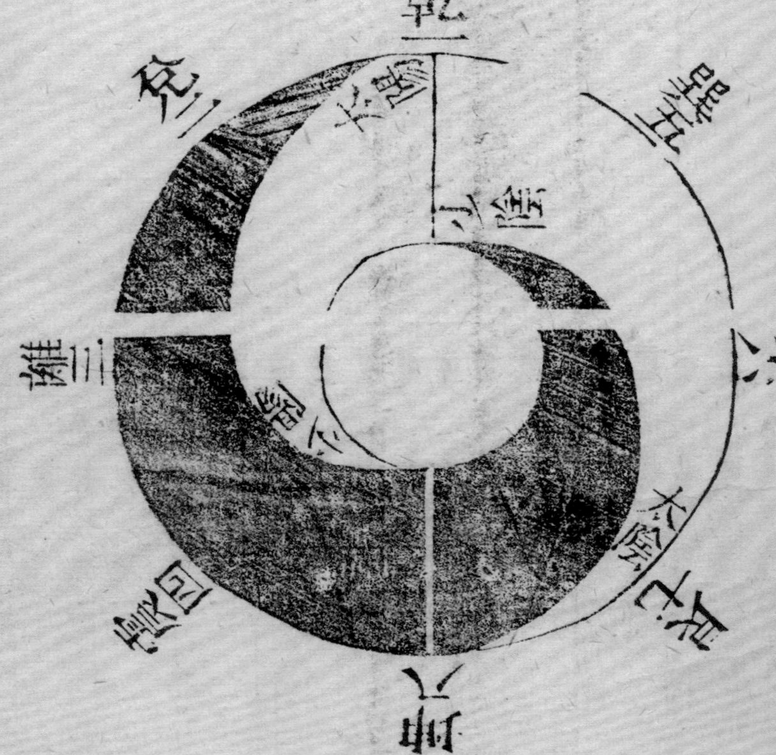

兩儀

⚊ 一如標竿故有專有直
⚊ 一實故主乎施
⚊ 一奇爲陽之儀
⚋ 一偶爲陰之儀
⚋ 一虛故主乎承
⚋ 一如門扇故有翕有闢

陽⚊ 陰⚋ 天地自然之形 天地自然之數

伏羲只在一奇一偶上生出六十四卦又生出後聖許多文字

⚌ 陽自然老之象

四象

陽上加一陽爲太陽
加一陰爲少陰

⚌ 陰自然少之象

象

一陰上
加一陽爲少陽
加一陰爲太陰

陽自然少之象

陰自然老之象

八

一乾☰ 太陽上加一陽爲乾

二兌☱ 加一陰爲兌

三離☲ 少陰上加一陽爲離

四震☳ 加一陰爲震

陰陽自然

生八之卦

五巽☴　少陽上加一陽爲巽

六坎☵　少陽上加一陰爲坎

卦

七艮☶　太陰上加一陽爲艮

八坤☷　太陰上加一陰爲坤

○二分四四分八自然而然。不假安排則所謂象者卦者皆儀也故天地間萬事。萬物但有儀形者俱有定數存乎其中而人之一飲一啄一窮一通一夭一壽皆毫釐不可逃者故聖人。惟教人以貞以成大業

○八卦已成之謂往以卦之已成而言自一而二三四五六七八因所加之畫順先後之序而去故曰數往者順

○八卦未成之謂來以卦之初生而言一陽上添一畫爲太陽太陽上添一畫則爲純陽必知其爲乾矣

八卦皆然其所加之畫皆自下而行上謂之逆故曰
知來者逆與邵子朱子所說略不同
○以一年之卦氣論之自子而丑寅卯辰巳午者順
也今伏羲之卦將乾安於午位逆行至于子是乾兌
離震其數逆也
○以卦之次序論之自乾而兌而離而震而巽坎艮
坤乃順也今伏羲之卦乃不以巽次於震之後而乃
以巽次於乾之左溯至於坤焉是巽坎艮坤其數逆
也故曰易逆數也

○伏羲八卦方位自然之妙以横圖論乾一兌二離三震四巽五坎六艮七坤八不假安排皆自然而然可謂妙矣伏羲乃顛之倒之錯之縱之安其方位疑若涉於安排然亦自然而然也今以自然之妙圖畫於後

以相對論

☰

☷

此三陽對三陰也故曰天地定位

☲

☵

此一陽對一陰於下少陽對少陰於上也故曰水火不相射

☶

☱

此太陽對太陰於下一陽對一陰於上也故曰山澤通氣

☳

三

此一陽對一陰於下太陽對太陰於上也故曰雷風相薄

以乾坤所居論

○乾位乎上君也左則二陽居乎巽之上焉一陽居乎坎之中焉右則二陽居乎兌之下焉一陽居乎離之上下焉宛然三公九卿百官之待列也

○坤居於下后也左則二陰居乎震之上焉一陰居乎離之中焉右則二陰居乎艮之下焉一陰居

乎坎之上下焉宛然三妃九嬪百媵之侍列也

以男女相配論

○乾對坤者父配乎母也

○震對巽者長男配長女也

○坎對離者中男配中女也

○艮對兌者少男配少女也

以乾坤橐籥相交換論

○乾取下一畫換於坤則爲震坤取下一畫換於

乾則爲巽此長男長女橐籥之氣相交換也故彼

此相薄

○乾取中一畫換於坤則爲坎坤取中一畫換於乾則爲離此中男中女槖籥之氣相交換也故彼此不相射

○乾取上一畫換於坤則爲艮坤取上一畫換於乾則爲兌此少男少女槖籥之氣相交換也故彼此通氣

程子謂雷乃天地之怒氣某以其所說之非者其原蓋出於此觀其澤山之卦曰一氣感應以

相與止而說男下女天地感而萬物化生又觀孔子釋山澤之卦乃曰天地絪縕男女構精萬物化生可以知其非慾氣矣

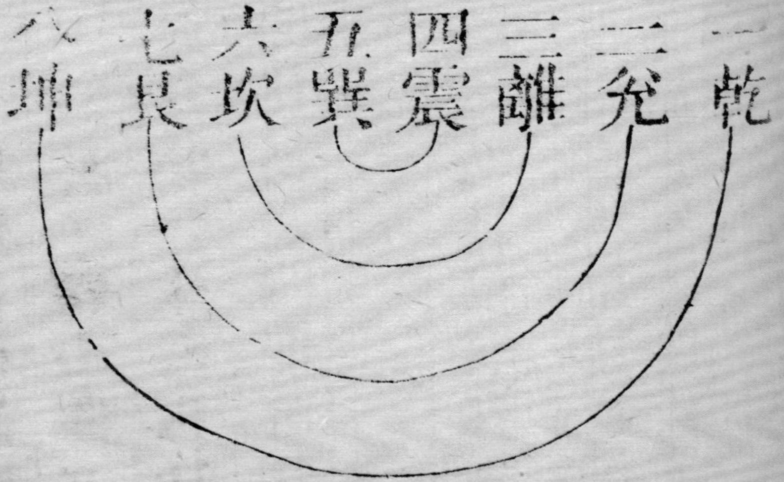

八卦通皆乾坤之數

〇天一地八乃天地自然之數也乾始於一坤終於八今兌二艮七亦一八也離三坎六亦一八也震四巽五亦一八也八卦皆本於乾坤於此可見故曰乾坤其易之門耶乾坤毀無以見易一部易經乾坤二字盡之矣

〇讀易且莫看爻辭並繫辭並程傳本義且將圖玩玩之既久讀易自有長進

〇伏羲之卦起於畫故某前數條皆以畫論之若宋儒謂天位乎上地位乎下日生於東月生於西山鎮

西北澤注東南風起西南雷動東北則謂其合天地之造化不以數論也

陽互圖 消息虛盈

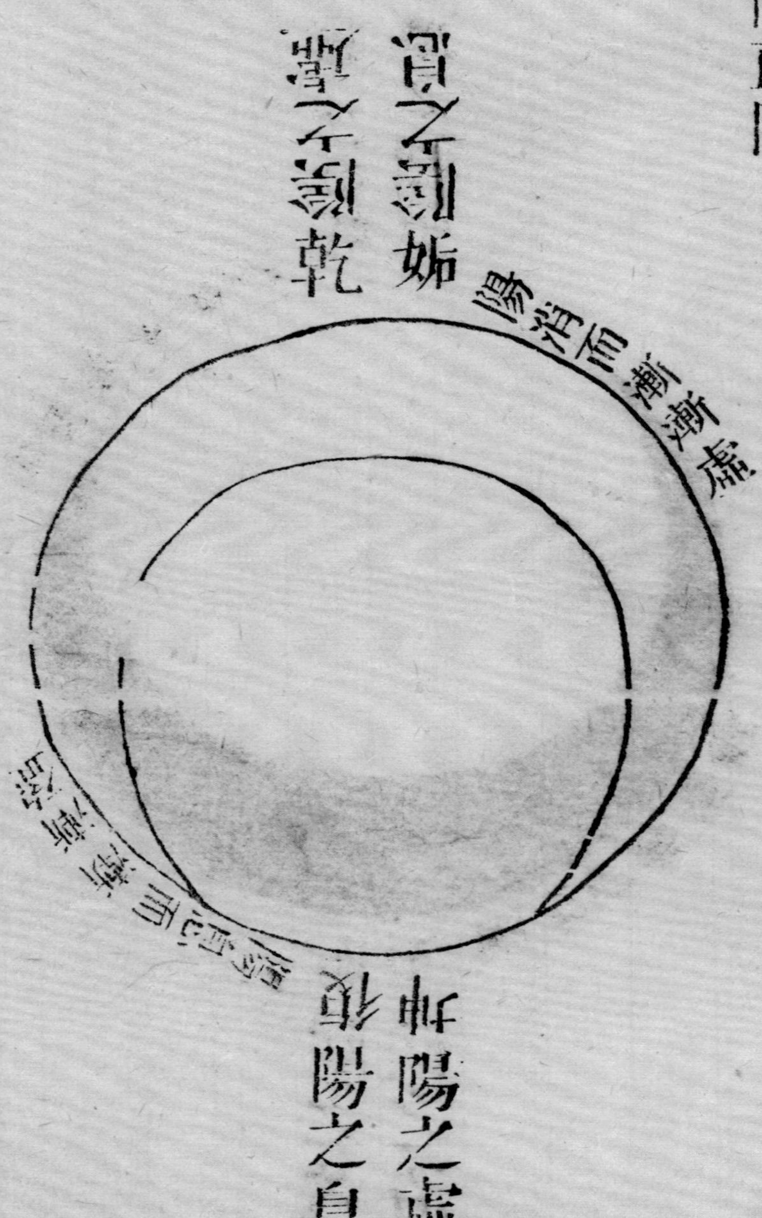

陰直圖 消自心盈處

○復者陽之息也
乾者陽之盈也
姤者陽之消也
坤者陽之虛也

陽
息必盈盈必消
消必虛虛必息
四字循環

○姤者陰之息也
坤者陰之盈也
復者陰之消也
乾者陰之虛也

陰
息必盈盈必消
消必虛虛必息
四字循環

○天地陰陽之理不過消息盈虛而已故孔子有曰

君子尙消息盈虛

○坤與復之時陽氣通是一樣微但坤者虛之終而微也復者息之始而微也乾與姤之時陽氣通是一樣盛但乾者盈之終而盛也姤者消之始而盛也

○乾與姤之時陰氣通是一樣微但乾者虛之終而微也姤者息之始而微也坤與復之時陰氣通是一樣盛但坤者盈之終而盛也復者消之始而盛也

○息者喘息也吸呼之氣也生長也故人之子謂之息以其所生也因氣微故謂之息消者滅也退也盈

者中間充滿也虛者中間空也

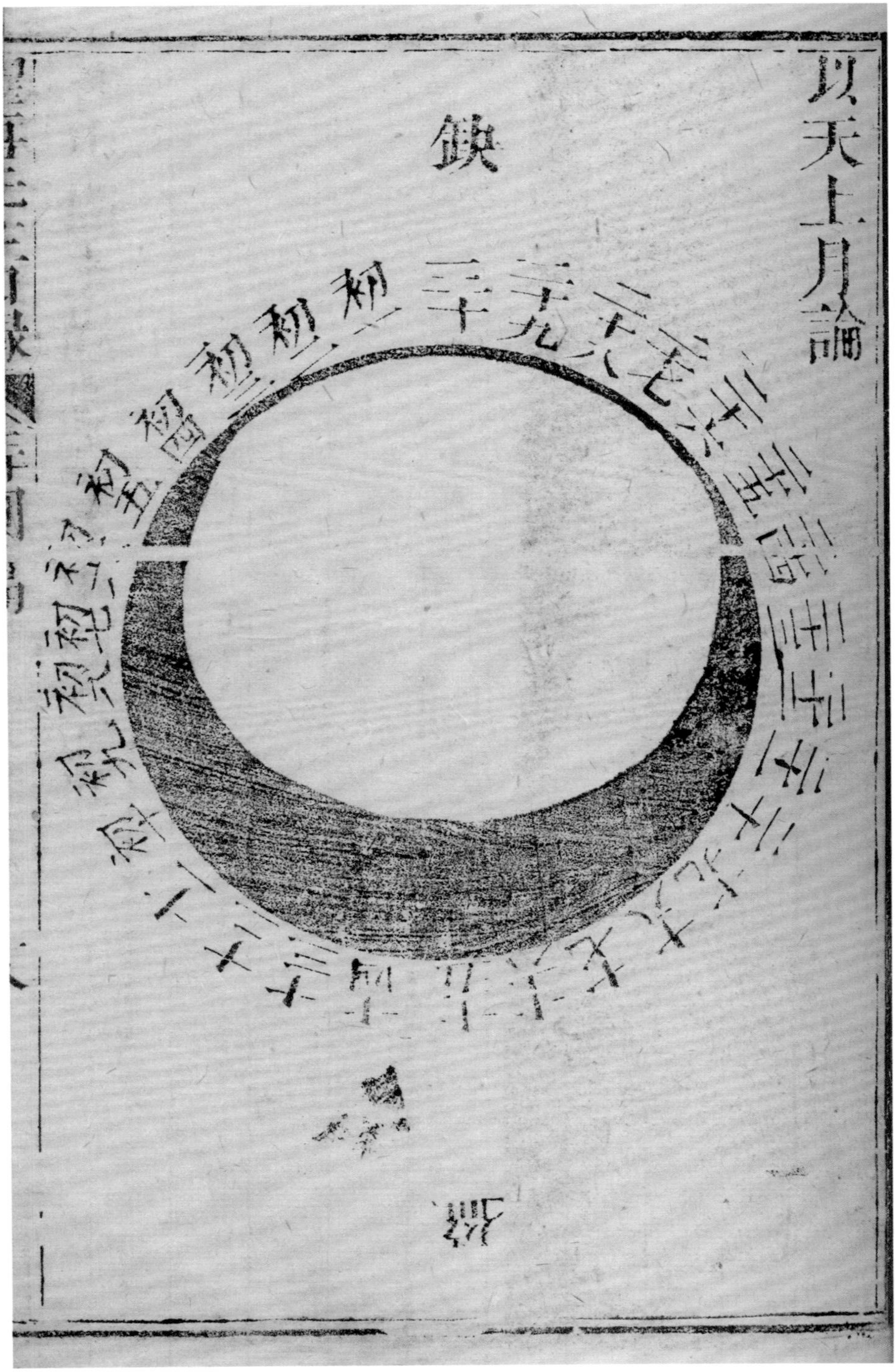
以天上月論
缺

○月缺于三十日半夜止

盈于十五日半夜止

○初一日子時息之始息至十五日而盈

十六日子時消之始消至三十日而虛

○初一日與二十九日月同是缺但初一日之缺乃

息之始二十九日之缺乃消之終

十六日與十四日月同是盈但十四日之盈乃息

之終十六日之盈乃消之始

○初二日與二十八日相同 初二日息 二十八日消 下倣此

初三日與二十七日相同

初四日與二十六日相同

初五日與二十五日相同

初六日與二十四日相同

初七日與二十三日相同

初八日與二十二日相同

初九日與二十一日相同

初十日與二十日相同

十一日與十九日相同

十二月與十八日相同
十三日與十七日相同
十四日與十六日相同
（）月初一日起于卯時之初刻初二日正卯初三日
卯末辰初初四日正辰初五日辰末初六日巳初初
七日正巳初八日巳末午初九日正午初十日午
未十一日未初十二日正未十三日未申初十四
日正申十五日申末　自初一日卯時初刻起至十
五日申末止乃由息而盈卽經之三五而盈也

○十六日起于酉之初刻十七日正酉十八日酉末戌初十九日正戌二十日戌末二十一日亥初二十二日正亥二十三日亥末子初二十四日正子二十五日子末二十六日丑初二十七日正丑二十八日丑末寅初二十九日正寅三十日寅末　自十六日酉時初刻起至三十日寅末止乃由消而虛卽經之所謂三五而缺

○虛之終息之始　陰陽通是一般微以天上月譬之如二十九日夜之月至三十半夜是虛之終也三十

半夜至初一日夜是息之始也其月通是一般缺亦猶冬至前十月之日與冬至後十二月之日同一般短也

○盈之終消之始陰陽通是一般盛以天上月譬之如十四日夜之月至十五日半夜是盈之終也十五日半夜至十六日夜是消之始也其月通是一般盈亦猶夏至前四月之日與夏至後六月之日同一般長也

○天地陰陽之氣即如人呼吸之氣四時通是一樣

但到冬月寒之極氣之内就生一點温厚起來所謂息也温厚漸漸至四月發散充滿所謂盈也盈又消了到五月熱之極氣之内就生一點嚴凝起來所謂息也嚴凝漸漸至十月翕聚充滿所謂盈也盈又消了

○陰陽之氣如一個環動静無端陰陽無始未曾斷絶特有消息盈虚耳朱子説陽無驟至之理又説一陽分作三十分云云雙峰饒氏説坤字介乎剥復二卦之間云云通説零碎了似把陰陽之氣作斷絶了

又生起來殊不知陰陽剝復就是月一般月原不曾斷絕止有盈缺耳宋儒邵子與朱子此處不曾經心理會看得不分曉所以說月本無光借日以爲光

○周公碩果不食譬喻極親切果長不至碩則尚有氣長養至于碩果氣候已完將朽爛了外面氣盡中間就生起核之仁來可見氣未曾絕

文王八卦方位

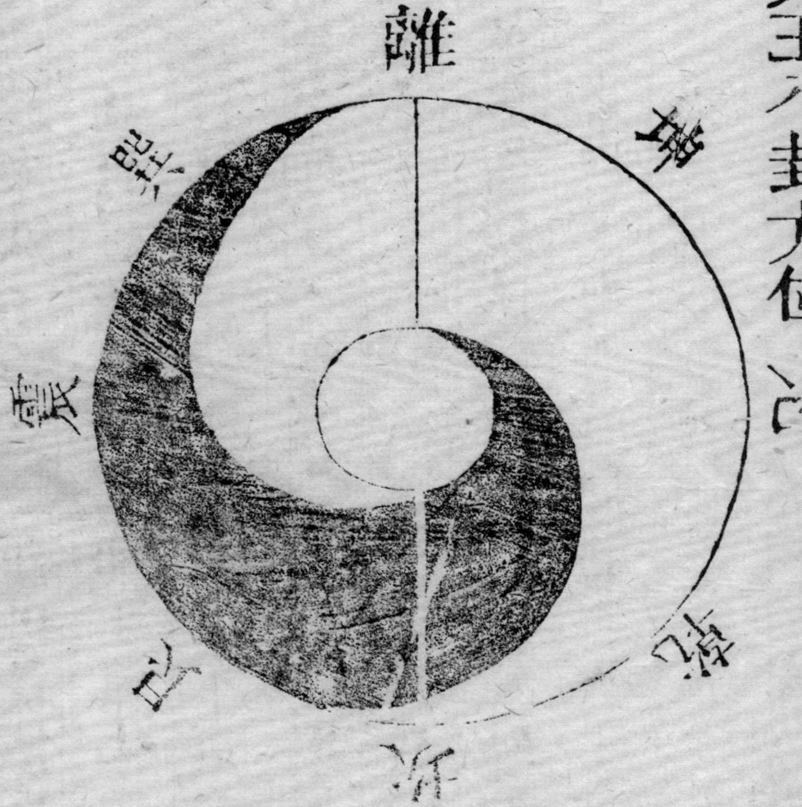

○諸儒因邵子解文王之卦皆依邵子之說通說穿鑿了文王之方位本明而解之者反晦也殊不知文王之卦孔子已解明矣帝出乎震一節是也又何必別解哉朱子乃以文王八卦不可曉處甚多不知何說也

○蓋文王以伏羲之卦恐人難曉難以致用故就一年春夏秋冬方位卦所屬木火土金水相生之序而列之令以孔子說卦解之于后

○帝者天也一年之氣始於春故出乎震震動也故

以出言之齊乎巽巽者入也時當入乎夏矣故曰巽巽東南也言萬物之潔齊也益震巽皆屬木之卦也離者麗也故相見乎離坤者地也土也南方之火生土方能生金故坤艮之土界木火於東南界金水於西北土居乎中寄旺於四季萬物之所以致養也所以成終成始也坤順也安得不致役故言致役乎坤兌說也萬物於此而成所以說也乾健也剛健之物必多爭戰故陰陽相薄而戰坎陷也凡物升於上者必安逸陷於下者必勞苦故勞乎坎艮止也一年之

氣于焉終止而又交春矣蓋孔子釋卦多從理上說役字生於坤順戰字生於乾剛勞字生於坎陷諸儒皆以辭害意故愈辨而愈穿鑿矣

八卦所屬

坎

一者水之生數也六者水之成數也坎居于子當水生成之數故屬水月令春其數八夏其數七秋其數九冬其數六皆以成數言

離

三者火之生數也七者火之成數也離居于午當火

生成之數故離屬火

震巽

三者木之生數也八者木之成數也震居東巽居東南之間當天三地八之數故震巽屬木

兌乾

四者金之生數也九者金之成數也兌居西乾居西北之間當地四天九之數故兌乾屬金

艮坤

五者土之生數也十者土之成數也艮坤居東北西

南四方之間當天地五十之中數故艮坤屬土
○何以天一生水地二生火天三生木地四生金此
皆從卦上來天地二字卽陰陽二字蓋一陽一陰皆
生于子午坎離之中陽則明陰則濁試以照物驗之
陽明居坎之中陰濁在外故水能照物於內而不能
照物於外陽明在離之外陰濁在內故火能照物於
外而不能照物於內觀此則陰陽生於坎離端的矣
坎卦一陽居其中卽一陽生於子也故爲天一生水
及水之盛必生木矣故天三又生木離卦一陰居其

中卽一陰生于午也故爲地二生火及火之盛必生
土而生金矣故地四又生金從坎至艮至震巽乃自
北而東子丑寅卯辰巳也屬陽皆天之生至巳則天
之陽極矣故至午而生陰從離至坤至兌乾乃自南
而西午未申酉戌亥也屬陰皆地之生至亥則地之
陰極矣故至子而生陽艮居東北之間故屬天生坤
居西南之間故屬地生
○何以六成八成七成九成十成也葢天地萬物非
土不成故數至五卽成之五者土之中數也如水旺

於子而墓於辰此生一而成六之意也餘倣此

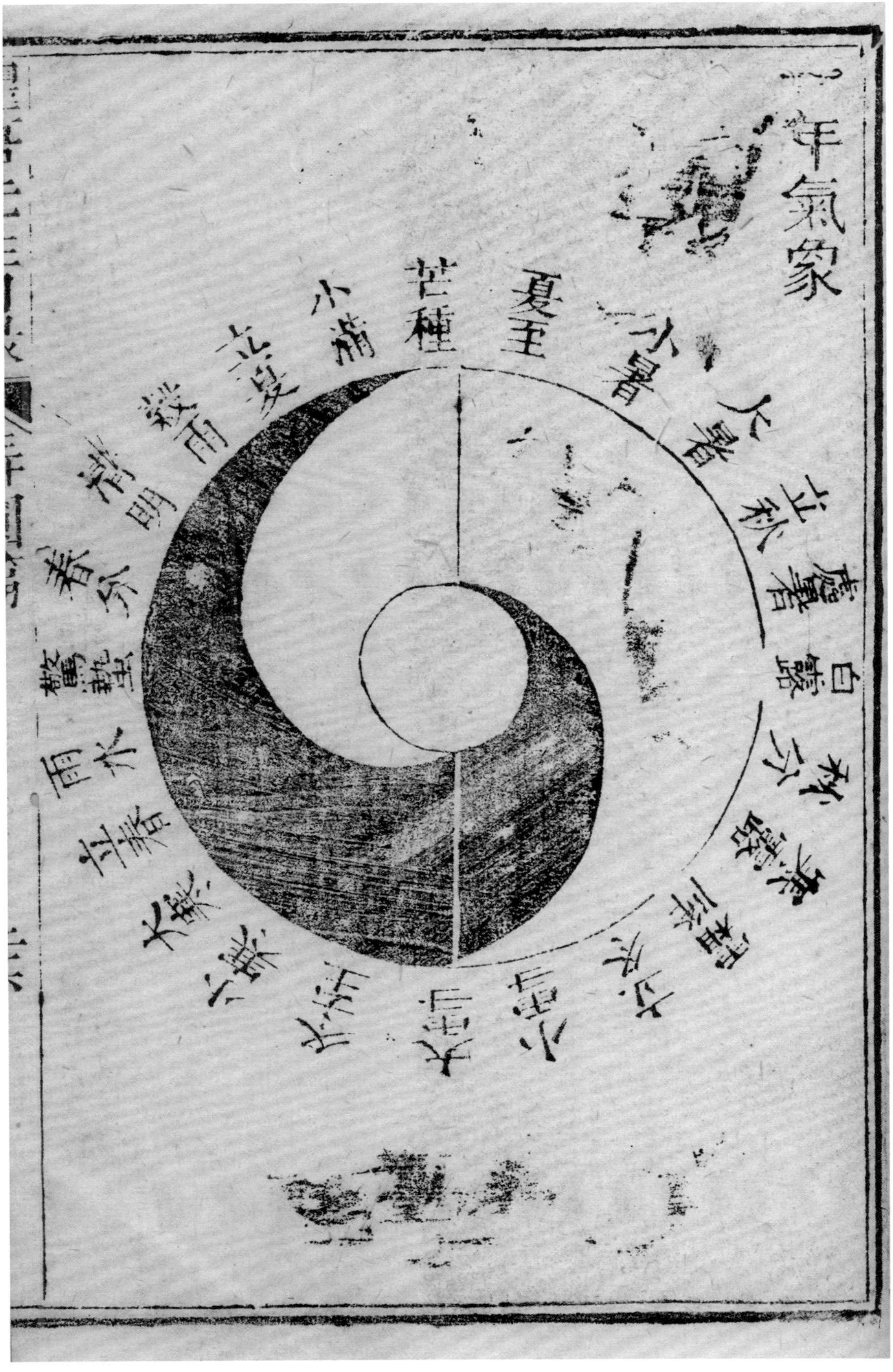
一年氣象
夏至
小暑
大暑
立秋
處暑
白露
秋分
寒露
霜降
立冬
小雪
大雪
小寒
大寒
立春
雨水
驚蟄
春分
清明
穀雨
立夏
小滿
芒種

○萬古之人事一年之氣象也春作夏長秋收冬藏一年不過如此自盤古至堯舜風俗人事以漸而長益春作夏長也自堯舜以後風俗人事以漸而消益秋斂冬藏也此之謂大混沌然其中有小混沌以人身血氣譬之盤古至堯舜如初生時到四十歲自堯舜以後如四十到百年

○此已前乃總論也若以消息論之大消中其中又有小息大息中其中又有小消小息中又有小消小消中又有小息故以大小混沌言之

○何以大消中又有小息且以生聖人論堯舜以後乃大消矣至周末又生孔子乃小息也所以祿位名壽遍不如堯舜

邵子元會運世只就此一年算

大混沌

一日氣象

午 未
巳 申
辰 酉
卯 戌
寅 亥
丑 子

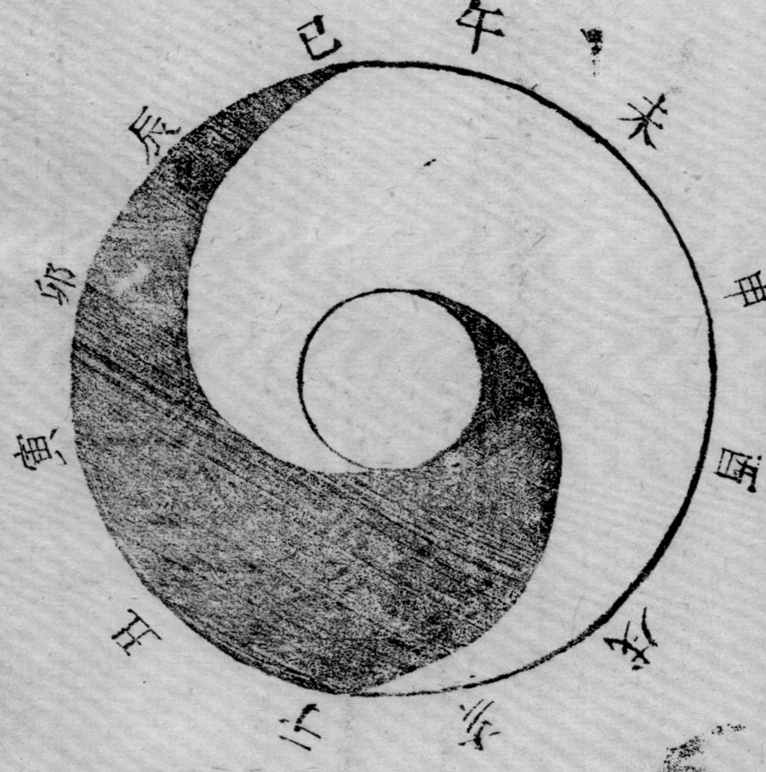

○萬古之始終者一日之氣象也一日有晝有夜有明有暗萬古天地即如晝夜

○做大丈夫把萬古看做晝夜此襟懷就海濶天高只想做聖賢出世而功名富貴即以塵視之矣

天地形象

天地形象雖非如此然西北山高東南多水亦有此意

〇天地戌亥之交其形體未曾敗壞在此圖看出以氣機未常息也

〇天地惟西北高東南低以風水論是右邊白虎太極盛矣是以歷代帝王長子不傳天下通是二房子孫傳之以人材論聖賢通生在西北一邊以山高聳秀出於天外故也以財賦論通在東南以水聚湖海故也以中原論泰山在中原獨高所以生孔子舊時去遊岱岳一日路上見一山聳秀問路邊人答曰此王府陵也次日行到孟廟在其下始知生孟子者此山也

〇以炎凉論天地嚴凝之氣始于西南而盛於西北

天地温厚之氣始于東北而盛于東南嚴凝之氣其氣涼故多生聖賢温厚之氣其氣炎故多生富貴

〇以情性論西北人多直實多剛多蠢下得死心所以聖賢多也東南人多尖秀多柔多巧下不得死心所以聖賢少也

〇人事與天地炎涼氣候相同冬寒之極者春生必盛夏熱之極者秋風必悽雨之久者必有久晴晴之久者必有久雨故有大權者必有大禍多藏者必有厚亡知此則就可以居易俟命不怨天尤人

帝王圖

大混沌

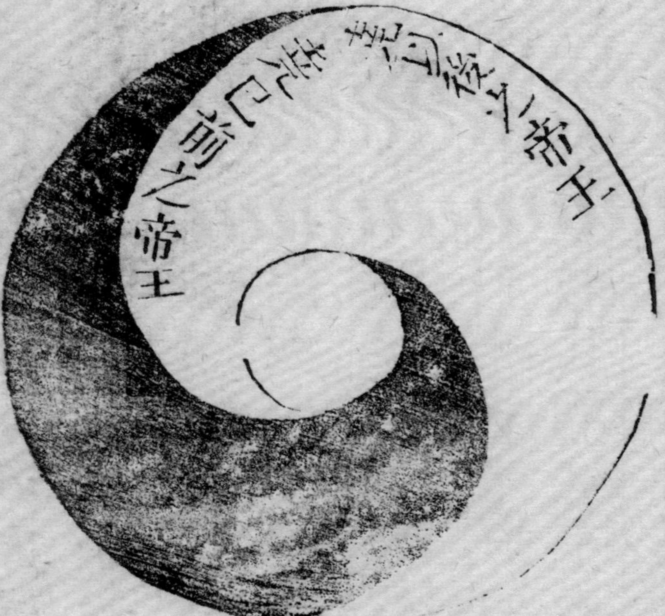

三

○天地到了堯時純陽了所以生堯惟天爲大惟堯則之堯巳前之聖人陰浮在上風氣未開功業文章未甚顯著堯以後之聖人陰沉在下遭際時艱所以盡善未盡美

○所以說堯舜性之也湯武反之也說順乎天而應乎人湯武以之湯武本是聖人如生在堯舜之時揖遜之事决能做得因他生在亂世天下生民俱陷於水火之中他只得出來救民觀武王泰誓曰予小子既獲仁人是也

○所以做大丈夫看我生在甚麽時候要自立如生在天地氣運衰之時爲天地氣運所限祿位名壽決不完全如孔子之春秋孟子之戰國皆自立於天地者也

○有伏羲則必有堯舜有堯舜則必有大禹有大禹則必有湯武有湯武則必有五伯自然之勢也

○以天地大小混沌試驗天地將到戌亥必定天下相殺數百年乃纔昏

○時勢不同所以聖人之性反不同故在唐虞則曰

臣訟可乎在文武則曰詒厥孫謀如無　飲我泉我泉
我池始終與揖遜隔一關

歷代文章
大混沌
湯武周孔之文
堯舜以後文章
洪荒以前文字
漢文
科目應試之文

〇堯已前風氣未開七政未齊庶績未熙則文章必不同矣故孔子刪詩書斷自堯典

〇漢文辭勝其文濃其味厚宋文理勝其文淡其味薄漢文如王妃公主之粧珠寶羅綺燦爛搖曳宋文如貧家之女荆釵布裙水油盤鏡而已而姿色則勝於富貴之家也

〇漢唐應制之文猶傳于世至本朝應制之文則無一篇可傳其文可知矣文既不可傳于世則所刻程式之文皆木之災也終何用哉蓋政事可見人之德

行文章不可見人之德行政事者躬行之事也文章者口說之託也故當重政事之科

○七篇珠玉不如一字之廉五策汪洋不如一字之儉廉者不苟取儉者不苟用爲官得此生靈安矣

以周象論

小混沌

文王

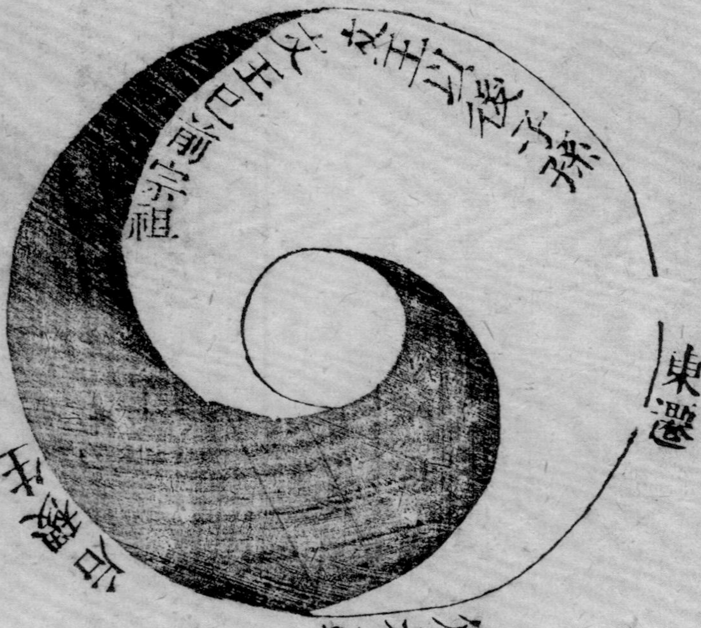

○以小混沌論周王六國乃戌亥矣所以只是相殺
及剝之盡乃生漢高祖以皇朝論元乃宋之戌亥也
純是一團陰
周之后六國
漢之后三國
唐之后五季
宋之后金元

歷代人材

大混沌

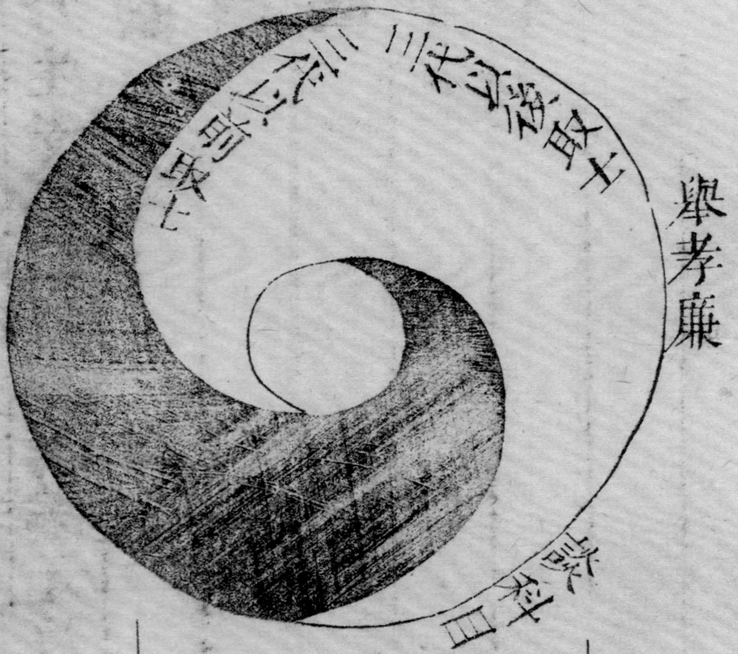

〇昔人有云周之士也貴秦之士也賤看來今之士
也賤秦之士也貴秦之士不過曳裾王門而已今則
呼喝摟檢披髮以見有司其去曳裾者遠矣且彼文
章反擬論古人以古人三上相書河汾獻策而不知
已之醜也使妻妾見其披髮豈不相笑於中庭乎
〇爲世道計者養士安民二者而已蕭何告高祖養
其民以致賢人鄧禹告光武延攬英雄務悅民心二
人皆爲功臣之首則二者有裨于世道不小也三代
安民之法在于井田取士之法鄉舉里選安民之法

李斯焚之儒者罵不絕口取士之法楊廣焚之而儒者更無一人言及何也自諱也以巳亦曾披髮也譬之夜奔之女彼此相罵獨不及此事以我亦曾夜奔也

○某常疑漢文帝天下富庶屢減田租之半后又盡除之景帝即位方收民田半租三十而稅一旦匈奴長犯邊不爲不費何以如此富庶也以其不設科也近日設科三年間費了幾百萬錢糧民安得不窮也哉漢猶近古人四十方入仕所以漢多循良因隋設

科至唐則士皆賤矣所以正樂府十首內有賤貢十一篇

〇漢惟其不設科所以人無所倚而不敢放肆如陳壽居喪使女奴丸藥積年沈廢郄詵篤孝以假葬違常降品一等其懲勸如此人安得不學好楊廣乃天下極惡之人居喪不敢公然食肉猶令人潛以竹筒貯之漢舉孝廉其遺風到隋猶凜凜也

〇宋儒每議科目陷士子於不肖故以少年登科爲不幸也然宋偏在一隅天下無學不能復三代之制

○或問于余曰欲士子之貴重可以復三代取士之法乎曰俄頃之間即復之矣或曰將何以復之曰廢科而存貢即復之矣蓋漢之博士弟子即三代司徒論選士之秀而升于學者也即今之歲貢也科者爭奪之法也貢者揖遜之法也楊廣設此爭奪之法將士子不置厥上而賤矣今欲復三代之法只看三年間進士舉人貢士出幾多人却將天下生員等看該幾個人貢一個如一百个貢一个則縣人有五百生員者每一年當貢五人矣不足一百之數或兩年一

貢或三年一貢其府四州三縣二額設廩膳猶如舊數以錢糧已定故也此是貢論生員多寡提學考校亦有定數必要考三塲一省或提學五員或四員或一員筭每日可看幾卷至貢入太學祭酒考校有資性才華好者登記册籍以爲他日選官之備及選官后惟以政事取人則天下之人皆知文章不能定終身之富貴惟政事可以求終身之富貴則十年之間不惟可以損幾萬錢粮而做官將必有伯夷之清出矣

○此法一行有八善焉不濫費錢糧一善也提學考校之精二善也監司惟論政事考察不以青白眼視人無焚香瞋目之誚三善也至貢時人稍長練達事體四善也人皆勉強清慎勤以求遷轉人人向上學好矣五善也不論南北中卷而取士均平六善也不披髪見有司貴重士子七善也鄉學升國學爕楊廣而遵禹湯文武聖人之制八善也然非赤心報國者不議及此

○或者曰人必及時效用若貢則必年長矣何以能

效用哉曰此正欲其年之長也玷科名者皆年少也
方當夙出之時卽有民社之寄豈不玷科名哉青年
不玷科名者十中止一二耳謊鵲雖至老終與人報
喜梟雖至少終與人報惡使其爲良吏也縱白首何
害使其爲酷吏也縱少年何益且四十强仕三代之
制也夫以孔子大聖也四十而后不惑孟子大賢也
四十而后不動心遽伯玉賢大夫也五十而后知四
十九年之非百里奚賢相也七十而后之秦以至焉
援矍鑠武公儆戒榮公九十太公八十轅固九十而

猜公孫宏曲學阿世人苟爲善固不害其老也

○或者曰科以待非常之材貢以待庸下之材必兼設而後可曰縱有非常之材不出生員之中未有非常之材可以登科而反不能補一廪者也蓋人必拂逆而后動心忍性譬之金必銷鎔而后成器譬之木必繩墨而后成材鄉學國學乃銷鎔繩墨之地也驕傲者于焉而挫其銳惰慢者于焉而致其恭所以三代聖人養士皆鄉學升之國學所以古之成材也易

試將人家子弟就看出來了子弟到八九歲時在父

母之前驕傲當哭泣送至館中先生即有規矩準繩
可知矣漢末行九品中正之法議者曰鄉舉里選者
採毀譽於衆人之中九品中正者寄雌黄於一人之
口今以一日而上終身之富貴是寄雌黄於一人之
口也若養于鄉學養于國學則涵養非一日矣
○董仲舒對武帝曰不素養士而欲求賢是猶不琢
玉而求文采也故養士莫大乎太學太學者賢士之
所關也教化之本原也願置太學置明師以養天下
之士數考問以盡其材則英俊宜可得矣斯言得之

○披髮見有司因設科既久人幸以爲常不以爲異若三代之時有一士子披髮去見有司豈不爲天下大怪異之事其妻子不相笑于中庭者鮮矣楊綰云國之公卿以此待士家之長老以此訓子娛母自忘其隳一至於此

以秦始皇論

一人混沌

一人力可拔山不過如此則爲人出世者必有其道矣

○文武之子孫過其歷祖龍不二世而亡者仁與不仁而已始皇并六合即坑儒生焚六籍築長城廢井田廢封建自以爲天下可以力得矣不知三代之得天下得其民也得其民者得其心也釋箕子囚式商容閭封堯舜禹湯之後大賚天下者得民心也約法三章亦可近之

○立國須以禮義宋至欽徽北轅之時金人以張邦昌立爲帝而宋更無一人從之者蓋宋人人講學所以至衰弱之極不廢君臣之義至國亡之時猶有文

天祥起義兵陸秀夫張世傑死節以其知禮義也暴秦惟其以法繩之所以陳涉一呼天下无解決有由矣秦何有一人死節並起義兵哉

月混沌

〇人生在世乃浮生也一日雖有十二時此有九个時生有三个時亦如死如亥子丑三時夢寐之中雖生猶死也不知身在何處雖帝王聖人亦是如此非如死而何及雞鳴而起孳孳爲善者亦惟日不足也孳孳爲利者亦惟日不足也爲善者上同乎堯舜爲利者下同於盜跖同堯舜者長生者也同盜跖者夭折者也知一日之混沌知一人之混沌則知所以出世矣

三教

天下混沌

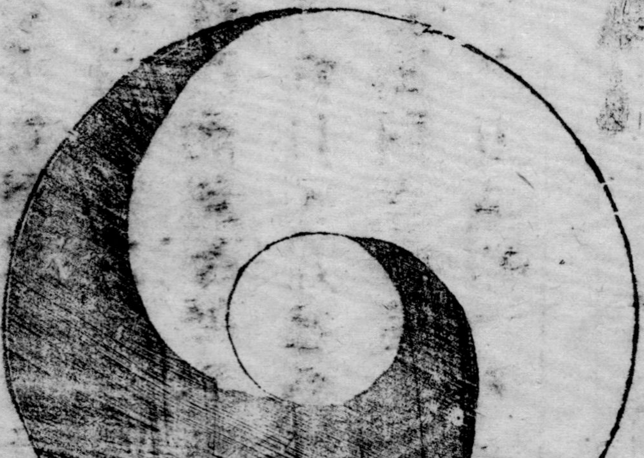

一陽

二陰

○有一个一陽就有二个陰對待所以二氏之教與儒者並行也

○舊時去閣藏經全然無半毫理茲藹乃尊如神明餙以縹緗貯以樓閣人看之者不敢輕易必燒香淨口淨手盖緣天地有此形氣即有此邪正正長不能勝邪故麒麟鳳凰世不常有鶯鴟虎豹到處皆多

○天地有此二氏出者以有此形氣故正長不能勝邪也人尊信之多者以亦有此形氣賢者少而愚者多故也

圖書論

河圖

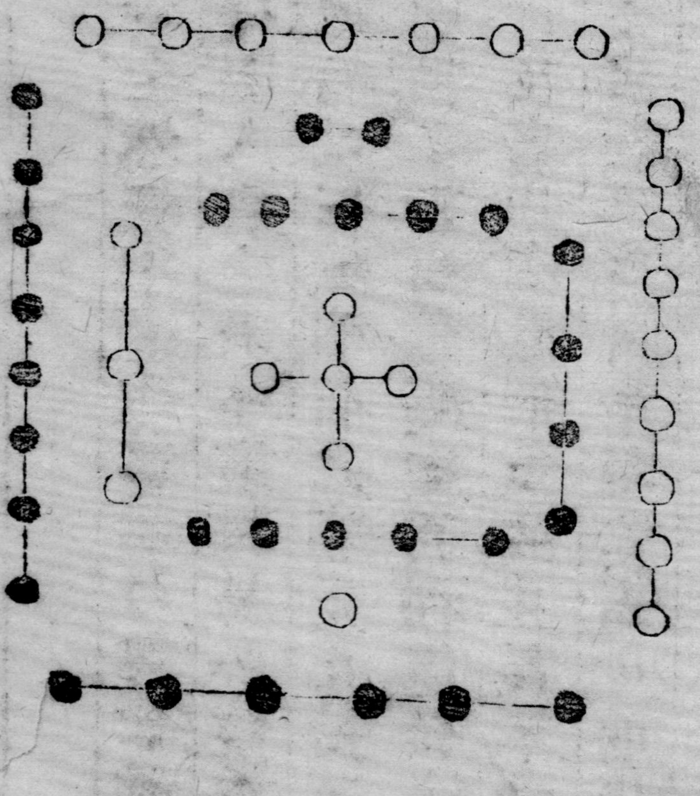

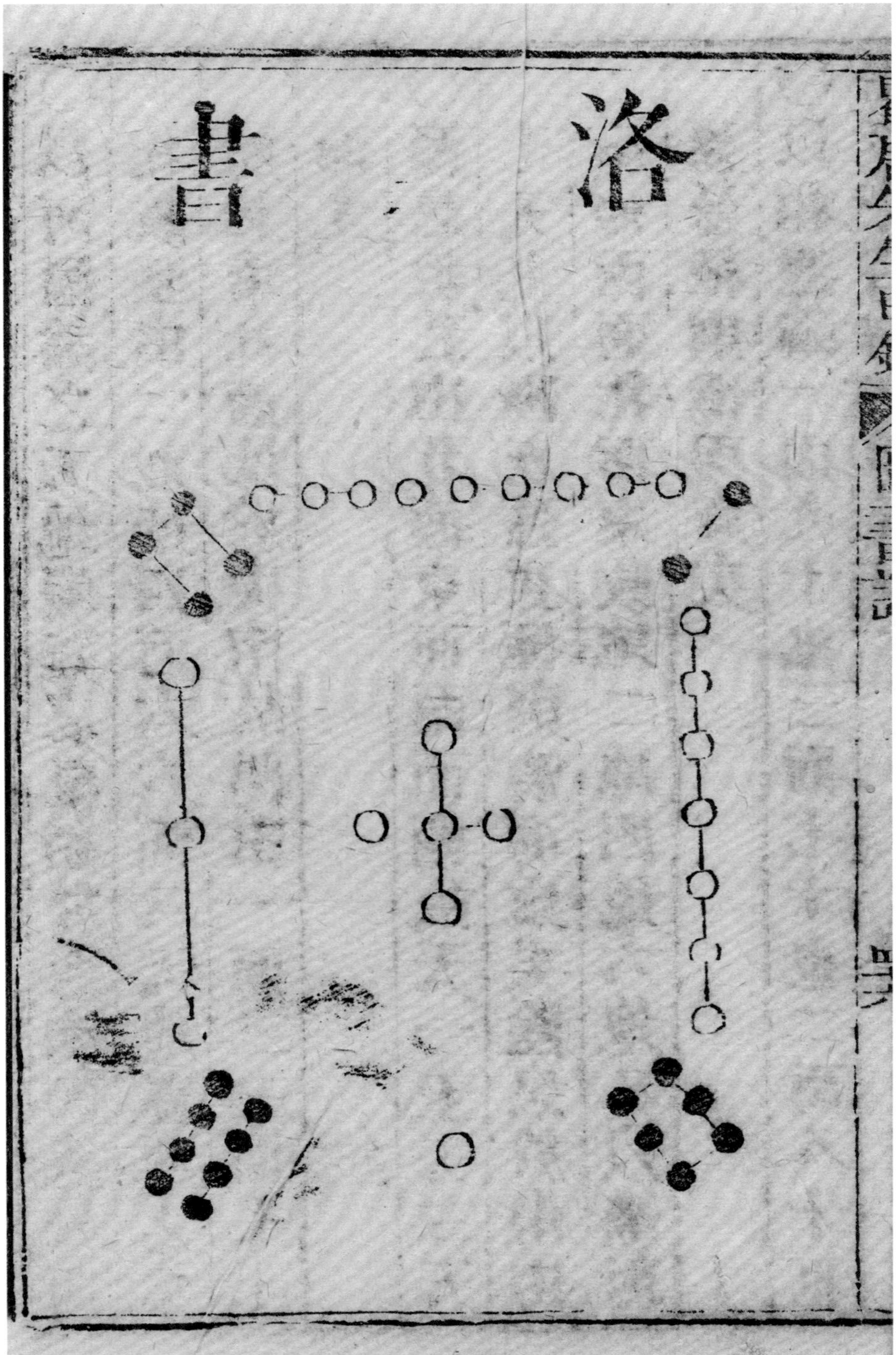
洛書

○以河圖論之天地嚴凝之氣始於西南而盛於西北故陰由二而四四而六六而八天地溫厚之氣始於東北而盛於東南故陽由一而三三而七七而九

○陽息於北由北而東而南而西故天一至天三天七天九以漸而盈盈極則消而虛矣陰息於南由南而西而北而東故地二地四地六地八以漸而盈盈極則消而虛矣

○以相連論一而九十也三而七十也二而八十也

四而六十也故五爲中數故天地生數遇五而成天地成數遇五而對若以四旁論後爲一前爲二左三右四中五後六前七左八右九中十皆自然而然不假安排

○偶者陰陽之對待奇者陰陽之運行奇者氣行於天偶者質具於地孔子繫辭天尊地卑一條以對待而言也剛柔相摩至坤道成女以運行而言也

○天一天三天五天七天九一九成十三七成十又加以五故天數二十有五地二地四地六地八地

十二八成十四六成十又加以十故地數三十
○後一六者水生成之數也故居北前二七者火生
成之數也故居南左三八者木生成之數也故居
東右四九金生成之數也故居西五十者土生成
之數也故居中央
○以四象八卦論乾兌皆居一太陽之位然乾陽卦
兌陰卦離震皆居二少陰之位然離陰卦震陽卦
巽坎皆居三少陽之位然巽陰卦坎陽卦艮坤皆
居四太陰之位然艮陽卦坤陰卦以河圖數論太

陽居一而數九是乾得九陽之數而兌得其一之
位也故乾一兌二皆屬太陽少陰居二而數八是
離得八陰之數而震得二陰之位也故離三震四
皆屬少陰少陽居三而數七是坎得七陽之數而
巽得三陽之位也故巽五坎六皆屬少陽太陰居
四而數六是坤得六陰之數而艮得四陰之位也
故艮七坤八皆屬太陰

○一六爲友者一爲老陽之位六爲老陰之數也居
於北四九爲友者四爲老陰之位九爲老陽之數

也居於西秋歛冬藏有老之義故居西北二七爲爻者二爲少陰之位七爲少陽之數也居於南三八爲爻者三爲少陽之位八爲少陰之數也居於東春作夏長有少之義故居東南

○以洛書論之陽生於北長於東盛於南而消於西故天一天三天九盛之極至天七則消矣陰生於南長於西盛於北而消於東故地二地六地八盛之極至地四則消矣此與河圖一樣中五雖少地十然四偶交錯各十亦天五地十也

〇一九爲老陽三七爲少陽居乎四正二八爲少陰四六爲老陰居乎四隅五居乎二老二少之中

〇太陽之一得五而爲太陰故一與太陰相連少陰之二得五而爲少陽故二與少陽相連少陽之三得五而爲少陰故三與少陰相連太陰之四得五而爲太陽故四與太陽相連不過此數變化無窮故天數五地數五成變化而行鬼神也故陽卦一爻變則爲陰卦陰卦一爻變則爲陽卦故曰非天下之至變其孰能與於此

○以二圖總論之圖之東北與書相同而西南不同何也蓋圖之陰陽皆主陽極陰極而言故一陽由左旋至九而止一陰由右旋至八而止書之陰陽以盛衰消長而言故陽盛於南而九陰盛於北而八至西則陽衰故天七宅東則陰衰故地四此所以東北相同而西南則異也雖西南各異然東北西南皆一奇一偶相配又何嘗異哉

○以伏羲圖論乾兌生於老陽之四九離震生於少陰之三八巽坎生於少陽之二七艮坤生於老陰

之一六九有四七有二者陽中之陰也八有三六有一者陰中之陽也伏羲畫卦之時不求與洛書同而自與洛書同以文王圖論一六爲水坎居其北二七爲火離居其南三八爲木震居其東四九爲金乾兌居西五十爲土坤艮夾乎金火木四位之間亦中央土也文王畫卦之時不求合乎河圖而自與河圖同可見只有此數理一無二所以俟之不惑考之不謬也

○以十數當中折斷論一與六對二與七對三與八

對四與九對五與十對本天地自然之數也河圖則一二三四五在內六七八九十在外而陰陽相間洛書則一二三四五相連六七八九十而陰陽比肩相間者一倡一隨比肩者或左或右其實一而已矣

○天地間只有此數同一二三四五六七八九十之數河圖洛書鋪列位次不同顛之倒之上之下之皆成文章正孔子所謂參伍以變錯綜其數通其變遂成天地之文極其數遂定天下之象於此亦

可見矣

○以質言五行生成之序水火木金土也以氣言五行運行之氣木火土金水也圖則相尅者相對書則相生者相對圖雖相尅然自東之木生南之火自南之火生中之土自中之土生西之金自西之金生北之水是尅而又生也書雖相生然北之水尅西之火西之火尅南之金南之金尅東之木東之木尅中之土是生而又尅也縱橫交互則生成之序運行之氣皆其中矣

○圖書中天五五點下一點天一之水也上一點地二之火也左一點天三之木也右一點地四之金也中一點天五之土也此五點若專以五行之土論前後左右四點辰戌丑未之土也中一點中央之土也五者流行乎前後左右貫徹乎辰戌丑未故天地得五方可以成變化而行鬼神此所以聖人作易參天兩地而倚數推而至於千千萬萬無非此五者而已

○此天地自然之八卦也是未盡卦之先而卦已備

矣故曰河出圖洛出書聖人則之故有天地之八
卦有伏羲之八卦有周孔之八卦有吾心之八卦
能了此則八卦不在四聖而在吾心矣
○參天兩地何也蓋天地之數皆始於一而成於五
一者數之始五者數之祖也故金木水火非土不
成質仁義禮智非土不成德以自然之數論之天
一地二少其五天三地四多其五惟天三地二合
其五故聖人參天兩地而倚數言依此五以起其
數也非有心以參兩之也若依朱子圓者徑一圍

三方者徑一圍四之說是參天四地矣是有心以

參兩之矣

○洪範九疇箕子所作洪範者大法也當時武王問

箕子天於冥冥之中默有以安定其民保合其居

止何以上下相安彝倫攸敘箕子乃紂之舊臣難

以顯言紂無道殛死不可傳以大法乃以紂比鯀

武王比禹言我聞在昔鯀陻洪水汨陳其五行帝

乃震怒不畀洪範九疇彝倫攸斁鯀則殛死禹乃

嗣興天乃錫禹洪範九疇彝倫攸敘曰天錫者即

中庸之天命仲虺之天乃錫王勇智魯頌之天錫公純嘏也漢儒與宋儒不知箕子以禹比武王眞以九疇乃禹之言殊不知禹聖君也關石和鈞王府則有以關石和鈞而且貽之子孫況一王之大法禹反秘之不傳必俟千年之後王於箕子方傳之乎其謬也甚矣且九疇者卽九德九經之類也孔安國劉歆又以禹治洪水神龜負文遂成九數宋儒復信之是謬中又生謬矣洛書言數洪範言理何相干乎孔子曰河出圖洛出書聖人則之是

伏羲之時已有洛書矣孔子之言乃其証也不得
不辯于此見諸儒註疏之差

瞿唐先生日録終

格物諸圖目錄 內篇第二卷

發念處卽過三大欲 凡五條

三欲試驗 七條

三欲所屬 三條

三欲連環 三條

三欲爲千欲萬欲之根柢 三條

三欲中五性 三條

天理人欲同行異情 三條

三欲近似 二條

常觀洛沂舞雩氣象　一條

過了人欲關就是伊尹氣象　一條

一理合于造化　一條

樂二條

總論一條

格物諸圖目録終

重刻來瞿唐先生日録

格物諸圖引

德生蜀中僻地，少時不揣妄意聖賢，然無傳授且愚劣，雖有此二者，而學聖賢之志未嘗一刻忘也。乃以孔門之學先於格物，欲窮極事物之理，乃取六經並秦漢文章日夜誦讀。及過京師，見薛敬齋録，始知學當求諸心。歸來遂爲四省録：一曰省覺，謂心有開明覺悟處卽録之也；二曰省事，謂自家行事或見人行事，或行事之當理或跌蹶卽録之也；三曰省言，謂讀古人之書有悟處卽録之如大學古本是也四曰省藝如吟詩如彈琴如古人見舞劒而悟草書之類蓋因粗以悟精也乃刻一大圖書寫願學孔子四字以警其心録之既久自反身心無愧無怍知其良心未破但作聖功夫無下手泊岸處乃遊吳並五岳欲會近日講學之士又每每不相值思宋儒終日端坐欲識仁體者有之以存養爲主入者有之又近日講致良知意此學在於靜坐也乃靜坐絶妄想如此者數年茫然渺寞全無入手處自覺其爲禪學既無師指

明又無友審問終日山林中委係彌高彌堅在前在後無處下手把捉不住及先父母相繼見背制中六年斷酒肉僻室家覊孤無聊入不堪其憂制方闋登太白山見此心之所以往來者非有他也乃三欲也蓋孔子之三戒孟子之三好也數夜翻輾轉不寐思孔門講仁孟軻講義宋儒講敬說禮近日講知千載之下又安知不有講信者出乎又思孔門講仁宜講仁之本體矣而又罕言仁者何也又以克已復禮爲仁能近取譬爲求仁之方何也孟軻講義亦不言義

之本體而乃曰乃若其情則可以爲善矣何也又思大學頭上即教人格物格物二字與五性合不相下此又何也心上之理與簡册上文字二處全不相合思之又思日積月累方知五性無聲無臭無形而難知物欲有跡而易見五性本體上半毫功夫做不得惟當於發念上做功夫遏人欲者即所以存天理也人欲既遏則天理自然呈露而情之所發事之所行皆天理矣始知三欲者千欲萬欲之根柢即克已功夫條目也乃四勿中物欲之大者故孔子又摘出言

之特今之學者皆以爲粗迹尋常之話不體認之術何也克己復禮孔子告顏回之爲仁者也顏回在當時已直任之無疑則顏回之用功惟克己無他道矣及顏回没孔子稱好學者獨顏回乃曰不遷怒不貳過則顏回之克己者不過此不遷不貳二端而聖門端的功夫亦不過此二端也又讀易見孔子大象云山下有澤損君子以懲忿窒慾夫懲忿則不至於遷怒窒慾則不至於貳過不好勇則懲忿矣不好好色則窒慾矣此心一旦豁然始知格物之物非宋儒物

理之物也亦非近日儒者事物之物也乃物欲之欲蓋己也忿也慾也怒也過也色也勇也得也皆大學之所謂物也克也懲也窒也不遷也不貳也三戒也皆格之之意也孔子先後之言未嘗異也格物克己乃聖門有頭腦的功夫故大學之教首言之而又以之教得意門人也德因此大有所悟始知宋儒默坐澄心欲識仁體欲觀喜怒哀樂未發氣象者不過禪學而講敬說禮又講致良知者都合此心混雜于天理人欲之區枉誤後生晚進深爲可痛皆非孔氏心

印也因大書發念處卽過三大欲八个字于壁以常

警心而續畫諸圖云萬歷乙酉十二月念二日

格物諸圖引終

重刻格物諸圖前語

武林楊澄

斯道之晦明天乎亦人乎恐人不得而與天實爲之也孟子敘道統之傳自堯舜以後皆以五百餘歲言之蓋歸之天也孔孟千年之後濂洛關閩迭出六經皆有註疏以爲斯道至此大明矣而豈知微詞奧旨頭腦功夫尚有未明豈天意尚有所俟乎吾常反復觀先生之履歷而知天意欲先生之明道也先生篤孝友中式後俾父母俱病先生卽焚引侍養不得立

功業于世此天意也丁丑歲先生往南岳註易以破舟先生遂客求溪求溪近夷徼萬山之中人孰得而知之若在南岳人猶有知先生者此天意也張江陵爲相禁海內學者聚生徒講學先生遂自比李白人皆不知先生以詩人目之此天意也求溪註易成丙戌歲欲于華岳訂証以不服水土而還復客求溪此天意也天意欲先生明孔孟之道故俾先生行拂亂其所爲三十年來悠游于林壑之中得以大肆力於正學剖析其理于絲毛毫忽之間皆天意也格物二

字未授先生口訣之先講如聚訟宋儒曰格至也知猶識也窮極事物之理欲其極處無不到也在近日儒者曰知者意之體物者意之用則又指物爲事矣先生獨曰格物二字即克己二字也何也懲忿窒欲四字孔子之言也及孔子稱顔子爲好學乃曰不遷怒不貳過故先生教人以發忿處先遏三大欲蓋不好勇則能懲忿而不遷怒矣不好貨好色則能窒欲而不貳過矣始知勇也貨也色也忿也欲也怒也過也皆大學之所謂物也戒也懲也窒也不遷也不貳

也皆大學之所謂格也此夫子所以告顏子以克己
而其目則四也直指明切聖人復起不易斯言矣吾
友張成夫拜先生于求溪臨別索言先生與之曰爲
學如燒窯切不可助長火候功夫到煙自生清亮仲
尼到而今千載道已喪只因名利關終日作膨脹因
此自沈溺墮落深蕩丈仰視魯仲尼仲尼在天上不
須求花譜鴛鴦舊花樣只于心上覓何處是蕩蕩澄
將此言書于壁每日誦之及澄見先生問先生曰蕩
蕩何以用功也先生曰去其所以戚戚者則不求蕩

蕩而自蕩蕩矣證曰何以去戚戚先生曰日之于味以至四肢之于安佚欲遂其氣質之性能不戚戚乎欲宮室之美妻妾之奉所識窮乏之得我能不戚戚乎蓋所以戚戚者乃物欲也即大學格物之物也戚戚二字即易之憧憧往來朋從爾思也證曰朋從爾思朱程以爲朋友從其所思先生以爲戚戚何也先生曰朋友豈能從吾心之所思蓋天下惟朋字不正乃念頭惡處妖星厲鬼之類也從者聚也言邪念從聚于吾之心思即忘想心也及觀先生古詩有云撤去

諸般憂明鏡光塗塗提起鏡來照仲尼在裏頭又云
說與種花人種花只鋤草又云今日醒一醒明日悟
一悟一日復一日就生登天步立在崑崙巔絶日四
面顧下見紅塵起千條萬條路皆此意也孔子曰下
學而上達知我者其天乎自孔子沒后因佛氏混雜
學者過不求下學惟求上達故欲識仁體觀喜怒哀
樂未發氣相求本來面目以至千載之餘尙不得接
孔氏之絶學獨先生曰遏人欲者卽所以存天理也
敎惟于下學遏人欲上做功夫先生旣先知先覺又

以發念處即遏三大欲八字開示後學當禪學混雜之餘聖學將絕之後先生挺出獨能以孔氏之學表章之先生之功蓋不在禹下也譬之人欲適越國者通從北行獨先生教之曰爾從南行某日某處某日某處即至越矣先生之功豈在禹下哉先生惟以格物爲功湛然無欲故求溪元曰詩云耳熱反看眞箇事紅霞高照玉壺冰又云幾番獨立通明殿朶朶紅雲捧至尊其無欲氣象不覺發之辭章如此證又問先生曰在明明德宋儒以爲虛靈不昧先生獨以爲

卽達道何也先生曰在明明德一章經也所謂誠意以下傳也所謂平天下在治其國者一節卽乃釋古之欲明明德于天下者先治其國二句也當時親炙者卽曰上老老而民興孝上長長而民興弟上恤孤而民不倍夫老也長也孤也卽五倫也乃達道也上老老上長長上恤孤乃明明德也上老老而后民興孝上長長而民興弟上恤孤而後民不倍卽有諸已而後求諸人也此所以能明明德于天下也當時親炙者釋經文已解明德卽達道矣若曰虛靈不昧尙

屬于心豈能達之天下哉此千載不傳之秘先生獨能悟之所以功不在禹下也先生之詩亦不苟作 澄問先生元日詩我有春情滿壯懷何以爲春情也先生曰春情者仁心也 澄又問必生芳草傳消息方遣流鶯說去來此二句何也先生曰仁性不可言惟發之惻隱則可言之故必傳其消息而後可說去來也若渾然在中之仁安可言哉 澄又問紅日幾番輝白玉赤松今已變黃梅此二句何也先生曰紅日白玉言我艮心本無私欲赤松仙人也黃梅禪僧也言天

下學者逼講禪矣故先生之詩不可以粗淺看之不然春情二字不知說何事即此一詩而他詩可知矣得先生指教一言一句皆是學問此所以功不在禹下也求溪在萬山之中先生雖不求人知然闇然日章正所謂依乎中庸遯世不見知而不悔其先生之謂與先生常對澄曰某非聰明過人但好古敏求能沈潛反復耳先生註易求溪十年朱子語錄以易經象失其傳故易註止以本卦之義註之不及其象先生曰易不可爲典要易不立象易不作可也註易者

不知其象不詿可也遂登華山靜坐悟象之理及病復還求溪數十夜不寐將象悟出又將易重解一番訓釋精到他日必與書經蔡傳春秋胡傳詩經集註並傳先生有浩然歌云我登天兮天不高我涉海兮水不多蓋爲此也其篤志若此先生中式後初入京有一舊布袍止加新綿短者續之破者補之父母喪後止衣麻衣譚侍御訪先生于村落倉卒無款止以菜待之先生談笑自若不以爲意旣篤志又能甘貧宜乎先生之悟道也　澄　受知先生　有年讀先生格物

諸圖始信傳達吾公謂先生直接孔氏之傳雖程朱
復生亦必屈服斯言爲不虛故以天生先生欲明道
之意並澄問答序之于首云

發念處即遏三大欲

○此殲厥渠魁功夫也蓋此三欲乃形氣中之元惡殲此渠魁其餘手足容恭容重等件不過脅從功夫耳故德以遏此三欲去行四勿功夫即易易者此也

○學者把此三欲通忽略過了非死心學聖人者不能去此欲也過此一關渣滓渾化即聖人矣且如以好勇論此血氣之勇但此心微有不平處就是勇字渣滓未化莫看容易了

○此三欲又絶不得絶則釋氏矣天理人欲同行異情惟聖人定之以中正仁義雖人欲亦天理矣詳見後

○學聖功夫要下得手凡人見火而不入於火者知火之能焚也見水而不入於水者知水之能溺也見米麪飯而必食者知其能養人也學者學聖必見惡如見水火見善如見米麪飯如此則天理人欲判然分明方能學聖若只講敬說識仁體說體認天理說致良知恐止把做一塲話說逼是不曾苦心用力終

下不得手

○此三欲雖分三者其實不過要富貴有富貴二欲遂矣世人只是要高爵厚祿家中有金銀財帛此好得也要嬌妻美妾歌兒舞女此好色也要人人通仰視他畏懼他尊敬他凡出一言人皆不敢違背通奉承他傲得氣此好勇也聖人之言雖分三者其實富貴其總管也

三欲試驗 七條

禽獸

人生天地與禽獸一般人特靈爾試觀禽獸不過此三欲且如家雞見食則呼其同類非其類則逐之此好得也見雌雞則眷戀此好色也見雄雞則鬭此好勇也野雉占山岡此好得也捕雉者以囮（音說）去即鬭此好勇也如不鬭取其雌者於側此好色也牛馬亦然蓋有此形氣即有此三欲常人用形聖人用神即

以禽獸之形神論之四靈蓋禽獸中之聖而用神者
龍得木之神故脩長神化莫測雲雨從之而爲鱗之
長鳳得火之神故周身文章非時不見而爲羽之長
白虎得金之神故亦不履生草不踐生蟲而爲毛之
長白虎亦麟類見通考龜得水之神故五色似金玉知吉凶而
爲介之長所以四靈即出類拔萃與禽獸不同然則
人用其神過此三欲豈有不出類拔萃而爲聖人乎

罪人

即禽獸而罪人可知矣試去圖圈中觀罪人不是好

色謀殺親夫或奸有服之親便是好得刼殺人財或盜庫銀好勇鬬死人除此三件無罪人矣縱有假雕印信之類無非好得心所發也三欲爲千欲萬欲之根柢到此處方看得端的

常人

卽罪人而常人可知矣人生在天地間終日只想積幾多金銀買幾多田産起幾多房屋此好得也長成人卽慕少艾此好色也日不眠夜不睡只想富貴勝過人氣在不肯下此好勇也與人少有一言不合卽

懷恨於心或即怒氣相加亦好勇也

讀書人

即常人而讀書人可知矣讀書人中式後即忘前日窻前燈火之窮困就約三朋四友飄蕩無度就借銀買妾此好色也就求有司作興此好得也就揚頭扯袖眼裏就以資格空人畧年長前輩踈布衣舊友把平日做秀才忠厚渾朴氣象逼做了一時化爲兇很強暴之人居鄉則凌虐鄉里居官則淫刑濟貪平生所講究五經四書并止爲榮祿進取之梯實乃虎狼

生覬之具此好勇也其好色好貨好勇之極有可醜可笑可畏可痛不可明言而筆之于書者夫以我之良心爲仁義之府乃天下之至寶所以爲聖爲賢參天地贊化育者皆此至寶也凡世上一切軒冕金玉皆不足以尙之今乃反爲中舉中進士滋其勢力好勇好貨好色將仁義之良我之至寶一時椓喪散漫凡民不足責矣以讀聖賢之書中式之人卽三代鄉舉里選之士漢之得舉孝廉者也中式後爲之豎標竪坊以表揚之今乃若此是棄天爵而要人爵舍靈

龜而觀朶頤爲外物而反喪至寶矣反不如鄉人田舍郎種田輸租安分守巳之不喪良心也孟子耻不免爲鄉人今反鄉人之不若居鄉人之下沒世無善可稱甘與草木同其朽腐是讀書猶未讀書也豈不可哀之甚哉且昔人鶴媒詩云嗟爾高潔非凡禽胡爲狗食移此心也然可與知道者談不然是彈高山流水于闤闠人鮮不以爲迂矣

賢人

即讀書人而賢人可知矣如魯南子學柳下惠顏叔

子執燭卽千載有名非不好色卽成賢人乎如陽震夜金范丹塵甑卽千載有名非不好得卽成賢人乎如顏子犯而不校師德唾面自乾卽千載有名非不好勇卽成賢人乎

西方聖人

卽賢人而西方聖人可知矣釋家佛出來曉得世間人好色他就不娶妻祝髮爲僧曉得世間人好得他就高山上打坐談空說寂以一切有爲法如夢幻泡影如露亦如電曉得世間人好勇他就以慈悲爲本

他全然反了世間人之事他就爲西方聖人雖是異端三綱五常盡廢然一塵不染較之讀書人奔競名利鐘鳴漏盡猶不知止者有愧於彼多矣而今天下浮屠反多於儒學并除此三欲者卽爲聖人乎夫以沉溺於三欲者卽爲罪人除革三欲者卽爲聖人而作聖功夫在於格物愈見端的矣

吾儒聖人

卽異端聖人而吾儒聖人可知矣聖人雖渣滓渾化無三欲之可言然識之於經亦有可見者如云不殖

貨利不邇聲色允恭克讓溫恭允塞小心翼翼昭事上帝無然畔援無然歆羨不聞亦式不諫亦入溫良恭儉讓無意無必無固無我孔子告哀公脩身就說齊明盛服非禮不動尊賢就說去讒遠色賤貨而貴德自聖人以下沛公一亭長也與項羽爭天下范增看他出來說他前在山東貪財好色今財物無所取婦女無所幸此其志不在小則作聖之功不外於格物而格物必先於三大欲其功夫端的要若學者做功夫先過三欲去行四勿功夫卽容易了不過時時

覺照而已若被三欲牽纏出不得也隨人講性命之
學千講萬講終是葛藤

三欲所屬 三條

色類

女色正所好之色也凡五色可愛人者皆是如愛人富貴愛絲竹音聲愛戲局愛花木皆色心所發也

勇類

刀劍殺人正所好之勇也至於凡欲勝人者皆是如欲富貴勝過人欲長生之類是也故孔子又以鬬名之如石崇鬬富今人鬬促織鬬雞鬬馬鬬舟競渡之

類

貨類

金銀正所好之貨也凡田產珠玉爲我所得者皆是故孔子又以得名之故謂女人曰奇貨蓋貨指其物得則在我也

三欲連環 三條

色中勇貨

如隣家處子所好之色也不顧死命踰牆相從是勇也處子奇貨爲我所得是貨矣

勇中色貨

舞劒靚人勇也然好勇豈空好哉必其色有可愛之事方去爭鬪如爭妻是妻可愛也爭田產是田產可愛也爭得過來是貨矣如獵狩提搶刀是勇也見所

獵之物走動色色可愛是色也得麀鹿歸是貨矣

貨中色勇

金銀珠玉貨也色色可愛色也連贓易之勇也又如我不肯而寧可碎首殺身完璧歸趙亦勇也

三欲爲千欲萬欲之根柢 三條

色

舉火戲諸侯是也諸侯豈可戲色其根柢也

勇

殺妻求將是也妻豈可殺勇其根柢也

貨

七月大水三峽黑石十船九殁乃翻鹽井以橫黄金是也險豈可冒貨其根柢也

凡此之類甚多不可悉舉但舉一事即見之矣細思起來此身諸般之欲何處不是此三欲發根故爲千欲萬欲之根柢

三欲中五性 三條

色

隣家處子色也我欲上祀祖宗下延子孫去聘定他是仁愛之心所發也請媒妁行六禮當輕當重當前當後中間有判斷是義也行之無過不及有節文是禮也閫閾相當無他日之悔是智也男女以時期日不爽是信也

貨

金銀貨也我遠行人送我贐此心感謝卽時動惻隱之心仁也此心商量判斷當受不當受義也交道接禮賓主百拜禮也知其受之有名不傷於廉智也始終無詐僞之心信也

勇

槈爾戈比爾干立爾矛勇也惻生民塗炭之已久仁也此心權度當此生民塗炭之時救民事重君臣義輕義也未嘗殺一不辜禮也知天命之在我予弗順厥罪惟鈞智也予小子旣獲仁人祇承上帝上不負

上帝生我之聰明下不失生靈之俯望倩也

天理人欲同行異情 三條

色

同一男女相見也行六禮者謂之婚踰東家牆者謂之淫淫而不顧人道者謂之娼不論倫理者謂之聚麀

勇

同一以刃殺人也救民者謂之義占人疆土者謂之侵以下殺上者謂之叛

貨

同一金銀大手也交道接禮謂之幣受君之祿謂之
俸貪民之財謂之贓劫掠人財謂之賊

若離絕人事卽釋氏矣惟格去物欲之私雖人
欲實天理矣所以爲同行異情也

三欲近似 三條

色

以攜妓爲跅弛風流

得

以貪財爲學者莫先于治生

勇

以客氣爲養浩然之氣

此之謂認人欲爲天理

五性圖一條

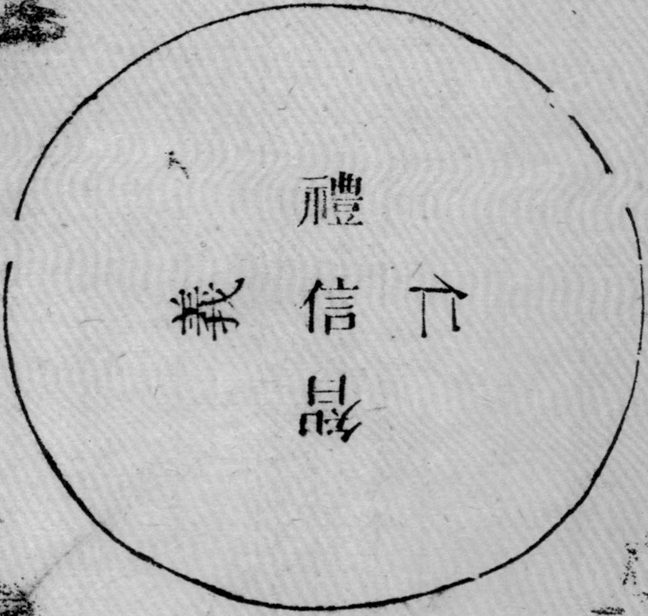

凡物有形有氣有神如天地是形也屈伸往來氣也所以主宰之者神也仁乃木之神禮乃火之神義乃金之神知乃水之神此神字卽命也性也道也理也太極也但隨處命名不同耳與生俱生與形氣原不相離如天依乎地地附乎天相似然雖不離形氣實不雜於形氣天生出堯舜出來方分一箇道心人心到了孔子又分一箇形而上者謂之道形而下者謂之器雖如此分得明白但因他粘搭在形氣上又因佛氏出來混雜一番所以自孔孟以後儒者逼不曉

得下功夫說識仁體說致良知說隨處體認天理適
將功夫用錯了殊不知五性無聲無臭何處下手惟
格形氣上物欲則五性自呈露矣此孔門傳心至捷
之法也

五性爲三欲所迷圖 六條

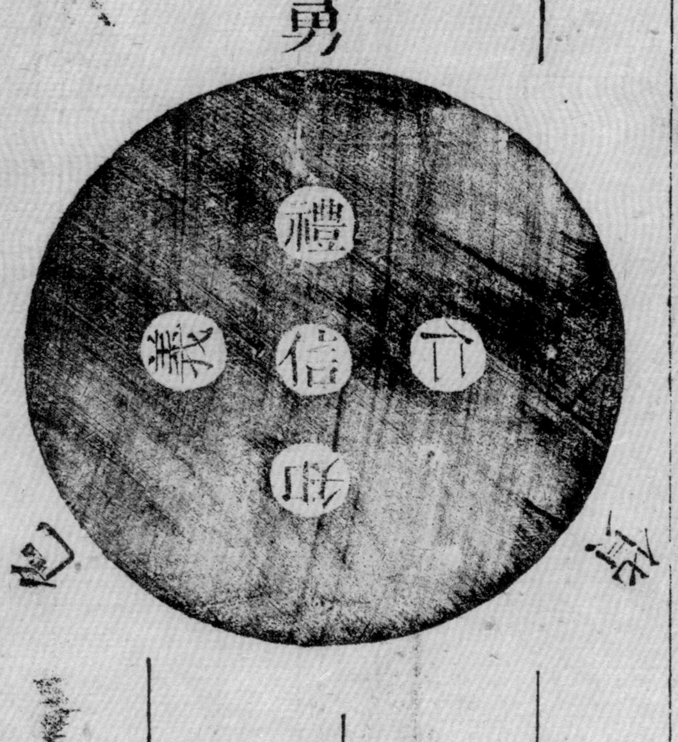

墨尊七卦目錄 各勿者圖 七

五性其植立如松柏三欲便是纏松栢之藤蘿格物
功夫是斬藤蘿之刀
五性其光明如日月三欲便是遮日月之煙霧格物
功夫是吹煙霧之風
五性其散布如金三欲便是汚金之泥沙格物功夫
是陶泥沙之水
五性其美粹如玉三欲便是包褁玉之頑石格物功
夫是鑿石之鑽
五性其尊重如君三欲便是迷君之妖豔格物功夫

是斬妖蠱之劒

五性其生意如嘉禾三欲便是雜嘉禾之草格物功夫是薅𦿆草之鋤

千古聖學不明只爲五性搭附在形氣上

一理圖 四條

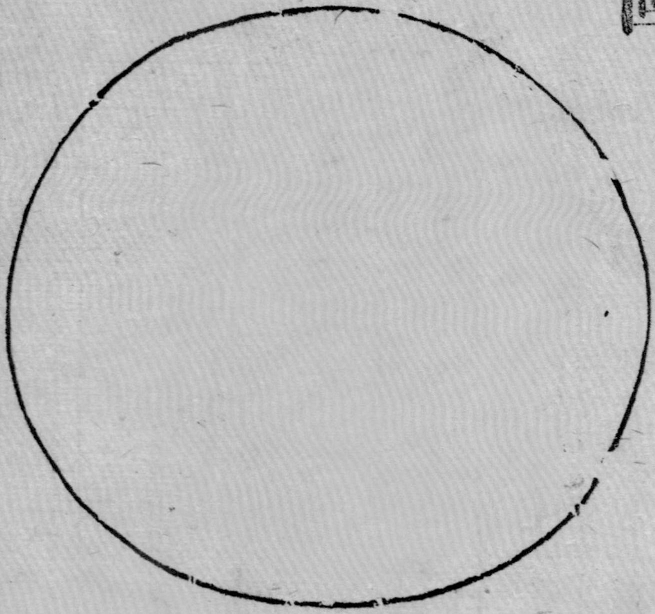

五性雖是五者乃一理也觀孔子說一陰一陽之謂道繼之者善也成之者性也云云仁者見之謂之仁智者見之謂之知百姓日用而不知故君子之道鮮矣又說立人之道曰仁與義又說春作夏長仁也秋歛冬藏義也四德可以統言者以其一理也譬如一個縣令從東門出來名爲仁從西門出來名爲義從南門出來名爲禮從北門出來名爲智又譬如天上一個月落在山東之川者名爲仁落在西蜀之川者名爲義落在浙江之川者名爲禮落在陜西之川者

名爲智所以說天理本然上做不得功夫以理無聲無臭無定在故也以發念上論譬如一人幹錯了一件事此心正惶恐羞愧是羞惡之心也曉得自家不是乃是非之心也正當羞愧之時忽有客到與之揖讓爲禮是恭敬之心也正當爲禮之時偶見孺子入井俱驚惶去救乃惻隱之心也一時四心俱出何處把捉只是遏人欲天理自見矣又譬如居官者甘受人夜金是無羞惡之心也送之不以禮而接之是無恭敬之心也將事卽屈斷是無是非之心也又將不

送金之人鞭答是無惻隱之心也沉溺物欲一事四心俱喪而五性乃一理猶可見矣

〇五性皆理也仁可以兼管四德但可以識其用不可以識其體如仁之于父子爲子者冬溫夏凊昏定晨省皆仁之發用也惟可以識其用故可以踐行其用何以不可識其體五性在人身渾然一理譬如一桶水貯在一處未會分散脚下一面有四孔從東邊孔來者是惻隱之心也從西邊孔來者是羞惡之心也南北亦然是如此模樣他渾然無聲無臭何以

識得他體說識仁體只恐仁字還看不分曉所以程子又說惻隱之心仁之端也既曰仁之端則不可便謂之仁殊不知仁止可如此說矣如別說不說得高遠便說得卑近

○程子又說義訓宜禮訓別智訓知仁當何訓說者謂訓覺訓人皆非也當合孔孟言仁處大槩研窮之二三歲得之未晚也不知程子當時如何又如此說仁者人也親親為大孔子之言也仁者人也合而言之者道也孟子之言也又說仁人心也而程子乃以

訓人爲非何哉又教人二三歲得之未晚只恐除了訓人字再訓不得了程子又要把仁只消道一公字假如說仁者公也親親爲大仁者公也要其公而不知求說不通矣不如仁者人也說得不滲漏說得穩程子曰仁者天下之公善之本也故要道一公字殊不知義禮智皆公理不特仁爲公理也

○大抵仁字乃天賦我渾然無私之理也爲善之長可以兼管四德者也所發者則惻隱之心也當時孔門言仁有就心之無私而言者如不先其所難而先

計其獲是私也惟力行是先其所難矣又不計其獲故力行近乎仁而愽學篤志切問近思仁亦在中也巧言令色私也剛毅木訥其言也訒非巧言令色矣故近乎仁如說三月不違仁皆就心之無私而言也有就事之無私而言者求仁得仁殷有三仁是也有就用功無私而言者克已復禮爲仁是也有就功業而言者如其仁如其仁是也有就惻隱所發而言者愛人予之不仁也已欲立而立人已所不欲勿施於人體仁足以長人是也有就兼管而言者恭寛信敏

惠居處恭執事敬與人忠出門如見大賓使民如承大祭是也張子說禮儀三百威儀三千無一物而非仁此數句說得極是

本來面目 三條

〇本來面目四字非儒者之言也乃釋家之言也近日儒者要求本來面目要觀喜怒哀樂未發氣象是皆泥於釋家圓明光輝之說也德姑就其言而曉之

〇如仁之於父子仁乃本來面目也爲子者聽妻子之言有私財好勇鬬狠則爲不孝而仁之本來面目失矣今不聽妻子之言不有私財和氣婉容則必溫凊定省幾諫諭道所行者皆孝之事而仁之本來面

目見矣此卽求仁功夫也

○如義之於君臣義乃本來面目也爲臣者爲妻妾之奉宫室之美好得好色淫刑酷暴則義之本來面目失矣今不爲妻妾之奉宫室之美不貪不酷廉靜寡欲易直慈良則民之所好好之民之所惡惡之有官守者盡其職有言責者盡其忠而義之本來面目見矣此卽集義功夫也

三心圖

一條

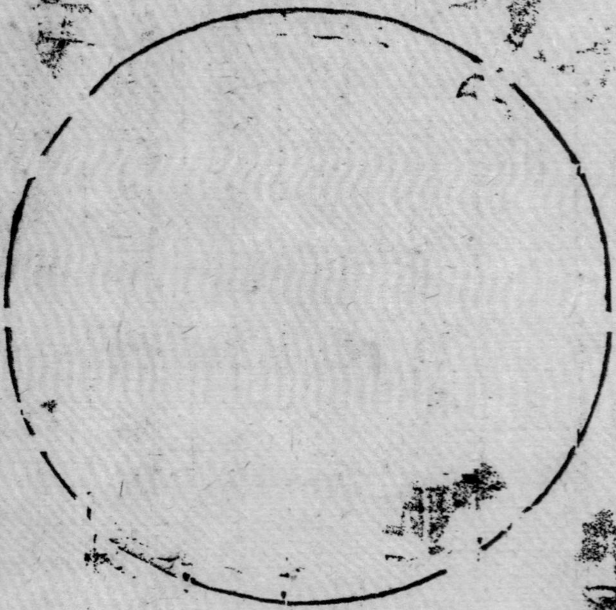

此未發之心

○此未發之心也。若以做功夫論，乃閉城門心也。釋氏用此心作功夫，終日無天無地，無人無我，打坐所以說出話來，一箇套子，如說無無無明，亦無無無明盡，乃至無老死，亦無老死盡；又如不見諦非不見諦，非得果非不得果，非凡夫非離凡夫，非聖人非不聖人；又如非因所生，非緣所起，非有相非無相，非自相非他相，非一相非異相，非即所相非離所相，非同所相非異所相，非即能相非離能相，非同能相非異能相；又如非有想非無想，非有非非想，非無非非想之類，皆是總歸、箇圈套打破了左來右去不過是二邊不住中道不安的功夫就說此等話出來了然終何用哉三綱絕矣吾儒要出來應世務要明德新民以天下爲一家中國爲一人全在人情物理上做功夫所以格物爲入手功夫若觀喜怒哀樂未發氣象求本來面目即是禪矣

○大抵天地有此形氣五性藏附在形氣之中常不能勝形氣所以正常不能勝邪君子常不能勝小人少時去看釋氏藏經所說之話全是妄誕之語何曾

有半毫理然在任高明之士皆尊信之如蘇子瞻何等才華一向尊信他陸象山雖自以爲先立其大不是禪學然觀語錄中如云獅子咬人狂狗逐塊六經註我我註六經汝耳自聰汝目自明又如管歸一路此等語自不覺流而爲禪矣人要他著書他又說道在天地有個朱元晦陸子靜便添得些子無了便減得些子此皆禪語令後生晚進無處適從深爲可痛其實中心不足道理尚未透徹乃說此禪語使人猜想但看孔子決不說此禪機藏頭之話子以四教文

行忠信子所雅言詩書執禮有鄙夫問必竭兩端再
無一句隱語方是儒者論起程子不曾留心于佛他
說學者于釋氏之說直須如淫聲美色以遠之但他
所用功夫主於敬去終日端坐如泥塑人自不覺流
而爲禪傳流至李延平一向通講默坐澄心所以然
若只因格物二字體認不真不知聖門有此頭腦功
夫故耳自佛氏出來混雜此一番我等不免多說了
幾句話不然道不得明世變江河一至於此

三心圖

附動靜合一共三十條

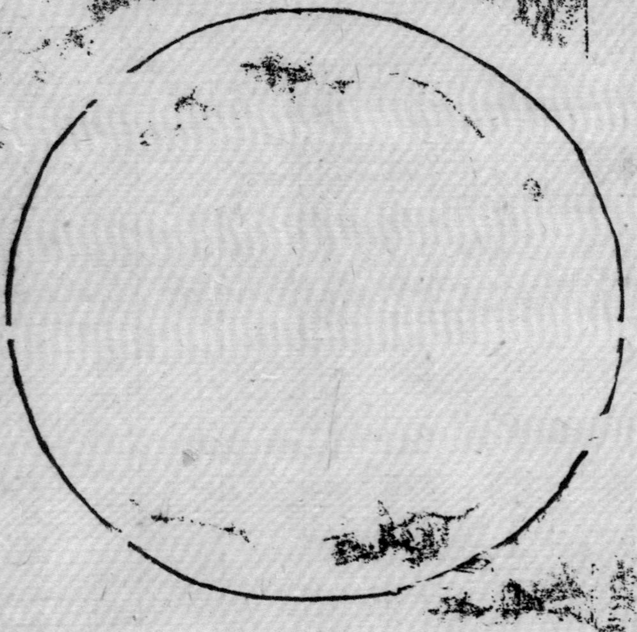

誠意正心之心

○學者臨關功夫最難關　一開差之一毫謬以千里譬如美色人分明曉得是妖豔之物但有此形氣目之於色所愛者美色也美色在前念頭一動理不勝氣此念一去如決江河矣所以聖人說脩身正心又於心上抽出一箇誠意功夫出來曉得人有此形氣意念所發義理少而物欲多又說箇格物功夫在頭異於釋氏者正在於此格了形氣上物欲則是非之心呈露凡事臨前尺尺寸寸曉然明白所以意方誠得如沈溺於物欲恣肆形氣之所好愛則凡事逼糊

塗了如紂只爲迷惑於妲己此正有所好樂則不得其正也就凡事通糊塗了斮朝涉之脛剖賢人之心而惻隱之心喪矣崇信姦回放黜師保而是非之心喪矣郊社不脩宗廟不享而恭敬之心喪矣力行無度穢德彰聞而羞惡之心喪矣

○忿懥恐懼憂患好樂皆人心也皆妄心也通在形氣七情上生出來即有我之私也所以說格物二字即克己二字也人不能克去己私反去奉承此血肉之軀則口之於味耳之於聲鼻之於臭目之於色四

肢之於安佚凡其可以奉承而如形氣之所願者無所不至矣既無所不至則與禽獸不遠矣有所忿懥如明帝以杖撞人一時之忿懥也令狐綯爲李義山題詩終身不開其廳終身之忿懥也皆是拂逆我形氣上心意的所以有所忿懥也有所憂患如說今不取後世必爲子孫憂子孫是我形氣上所生的所以有所憂患也有所好樂如共王之好營宮室漢武之好神仙皆是也皆是我形氣意歡喜的所以有所好樂也有所恐懼如做諫官君有過正當諫恐觸逆鱗

打死了就不諫甘聽厥言責之職此性命是我形氣上要緊的怕壞了性命所以有所恐懼也左來右去都是奉承此血肉之軀陰濁既盛陽明遁不見了所以聖人教人只去把所奉承血肉陰濁物欲格了則陽明自然顯出來了孔孟已後儒者不曉得做功夫認格物二字不眞專去五性陽明上求殊不知五性無聲無臭何以做得功夫及程子說涵養須用敬以直內一句作主靜人靜坐不知敬以直內敬字卽禮字卽以義制事以禮制心者也禮字說得寬敬字說

得有把捉所以下一箇敬字大學頭腦功夫在於敬聖人已先說矣蓋人有此身莊敬而多欲者僅見人整齊嚴肅坐如尸立如齋而卻眷戀功名富貴不肯放手者故大學頭腦功夫不以敬爲先然說一格字致字誠字正字脩字則敬亦不必言矣

○程子以敬者主一也主一之謂敬無適之謂一無適言不之東不之西朱子言無適乃不馳騖走作之意又說有以一爲難見不可下功夫如何一者無他只是整齊嚴肅則心便一既整齊嚴肅此心又不馳

鶩走作不之東不之西非禪而何禪家坐下也眼觀鼻鼻觀心也不之東不之西豈能安得百姓解孔子脩己以敬以安百姓解不通矣程子又說上下一於恭敬則天地自位萬物自育氣無不和四靈畢至所以朱子解脩己以敬到此處遂不解但云脩己以敬夫子一言至矣盡矣殊不知敬者天理也乃吾性之禮偶然所發而無一毫人欲之私者也此一字乃齋明盛服非禮不動八箇字之總名也齋明八箇字乃敬字下手功夫也出門如見大賓使民如承大祭執

虛如執盈入虛如有人此則敬之規模氣象也非長
令此心未發不之東不之西終日端坐以爲敬也蓋
身心上非禮卽動不得若在禮上事也動得若一時
靜坐偶然思起親來不成說此心要不之東不之西
不當思親如此就不是了如周公其有不合者仰而
思之夜以繼日幸而得之坐以待旦一沐三握髮一
飯三吐哺孔子終日不食終夜不寢二聖人皆非敬
矣蓋聖人之心當靜時亦有不之東不之西之時及
動時行事無一毫人欲之私縱胼手胝足勞心焦思

亦敬也若不之東不之西終日端坐是禪學矣

○論起敬字學者豈可離得如文王之敬止孔子之脩己易之直内禮之毋不敬皆學者至緊功夫但寘心閑曰此心不之東不之西以爲敬就差了正所謂差之毫釐謬以千里程子曰釋氏之學於敬以直内則有之矣於義以方外則未之有也程子將敬字略看差了所以如釋氏在心之未發上用功夫殊不知敬義二字皆天理也能義以方外者必能敬以直内不能義以方外者必不能敬以直内此内外合一之道也

釋氏既能敬以直內何以不能安百姓程子不曾詳直方二字蓋人心之所以不直不方者以其心之有私欲也禮義者吾性天理之公也以此直於內方於外則內外皆天理之公而無一毫邪曲之私不期直而自直不期方而自方矣如無思無慮時此心寂然不動不之東不之西無邪曲之私者固敬以直內也如有思有慮時此心東馳西鶩皆天理之公而無一毫人欲之私思無邪者亦敬以直內也此之謂聖學此謂動靜合一詳說見下

○蓋敬者禮之所發此心已打起精神矣此默坐澄心者所以爲非敬也譬如爲人臣止於敬有官守者盡其職固敬也若爲諫官君有過面折廷爭東引西証亦敬也如非天理之公乃邪曲之私如好色之類雖心之主于一而無適如坐禪之類雖身之整齊嚴肅皆不得謂之敬矣故曰敬者天理也乃吾性之禮偶然所發而無一毫人欲之私者也如入宗廟之中不期敬而自敬見大人君子卽時生敬通是不曾留心商量計較如孟子說乍見孺子入井非納交要譽

純是天理惟其純是天理則事事皆天理所以可安百姓非終日端坐此心不之東西謂之敬也所以說程子看敬字畧差了

○程子將敬字畧看差者何也他只將敬字在威儀氣象上看不曾在天理上看觀其說有以一爲難見不可下功夫如何一者無他只是整齊嚴肅則心便一可以知其將敬字不在天理上看矣蓋吾性之理本一也其所發者自其惻隱而言謂之仁自其恭敬而言謂之禮自其羞惡而言謂之義自其是非而言

謂之智程子全在威儀氣象看所以教人整齊嚴肅殊不知敬雖離不得整齊嚴肅然要曉得是天理所發

○程子惟其不肯打動此心故人問作文害道否曰害也凡爲文不專意則不工若專意則志局於此又安能與天地同其大殊不知古今聖賢與天地同其大者莫如孔子孔子删述六經費了千辛萬苦如繫辭等書稿也不知易幾遍觀其讀易章編三絕猶曰假我數年至今文章炳如日月何嘗害道哉若說文

害道文行忠信之文博我以文之文君子懿文德之文文不在茲之文豈又一樣文乎文既害道孔門四科不必言文學矣若周子虛車之說就無病痛矣文能載道何害于文程子本闢佛只因他功夫近于禪不肯打動此心所以門人就說天下何思何慮蓋因爲師者往日端坐如泥塑人故不覺流而爲禪矣甚矣用功不可差毫忽也

〇程子說主一無適之謂敬謂此心不之東之西也殊不知此心之東之西者何也乃妄想心也即有所

好樂忿懥等心也卽格物之物也今旣知格物功夫則此心自然不之東西不消下一敬字矣聖人所以不以敬字爲先也所以然者何也蓋主一無適乃閑心功夫可以相從天理人欲于混雜之間說箇格物則止遏人欲好色好勇好得之類明明顯顯矣所以程子門人無處下手不覺流而爲禪矣况今日科舉之學與人已不知聖學爲何物間有一二高明之士出來所立門戶全在雲霄之上一點下學功夫不講所以聖賢日益稀少噫可哀也

動靜合一

○此格物誠意功夫心中之動靜也

○靜坐之時如心思道理此之謂靜亦動如禪家靜坐之時不敢開闗思道理謂之理障是靜而不能動者也德所以説思無邪亦謂之敬以直內者此也

○行事之時全在天理此之謂動亦靜如富貴利達之學是動而不能靜者也

○朱子言周子説主靜正是要人靜定其心自作主

幸將周子靜字略認錯了他見程子說敬則自虛靜不可把虛靜喚作敬因有此說殊不知周子主靜立人極本註云無欲故靜有此四字周子也恐人認錯了靜字故註此四字經曰人生而靜天之性也感物而動性之欲也周子靜字在此處來言聖人無欲主靜立人極以爲靜坐之靜是禪學也安能立人極哉

○儒釋之分只在誠意把意上說個誠字教人如好好色如惡惡臭則天理人欲判然分明如只是整齊嚴肅終日端坐求識仁體則此心終不分曉

○何以此心終不分曉蓋此心整齊嚴肅不之東不之西就是无妄了文王于无妄卦云无妄元亨利貞其匪正有眚不利有攸往程傳乃曰雖無邪心苟不合正理則妄也乃邪心也觀文王並程傳之言則坐禪者雖無邪心不合正理矣所以聖學頭腦不以敬爲先

三心圖

三條

富貴利達之心

○此人心也全在形氣上用功夫口之於味要喫好的耳之於聲要聽好的目之於色要看好的鼻之於臭要聞好的四肢要好處安佚要宮室之美妻妾之奉所識窮乏之得我左來右去只是要奉承血肉之軀所以未得富貴終日終夜勞心焦思以求之既得富貴則患得患失高爵厚祿猶不知退避必至於殺身亾家而後已也

○宋儒不知格物二字所以伊川先生說孟子才高學之無可依據學者當學顏子以德論之可依據者

莫如孟子也孟子說天理人欲說得分曉所以德如今講功夫就與孟子一般別人講高深我只講卑淺別人講精細我只講粗大別人要識仁體我只格形氣物欲反似濯之江漢暴之秋陽磨之不磷涅之不緇南子可見獵亦可較

〇伊川先生曰大抵人有此身便有自私之理宜其與道難一此言說得極好伊川先生雖不知格物功夫而此言暗合也

四勿 五條

○三戒四勿皆孔子之言但四勿說得密兼物欲之大小而言之三戒說得疎乃在四勿中抽出物欲之大者言之故德以發念處先遏此大欲然後覺照此些小功夫即易易矣此先後緩急之序也非舍四勿惟遏三欲也

○勿者無也莫也戒者慎也警也易註洗心曰齋防患曰戒論起勿戒二字皆禁止物欲之辭但戒字較

勿字尤重所以用此字于三大欲之上如曰少之時勿好色則其言緩矣

〇宋儒知此四勿功夫作四箴止因他不知格物二字所以將此四勿中之三大欲通忽略過了德非立門戸也盖將孔孟要緊之言表章申明之耳伯夷之淸止不好得而已卽爲聖人之淸此等功夫可忽乎故將三欲格了查滓渾化卽聖人矣

〇如說識仁體致良知每日做功夫就不明不白了正北溪陳氏所謂桎誤後生晚進使相從於天理人

從混雜之區爲可痛也惟格此物行三戒四勿功夫則明明白白登堯舜周孔之堂矣

○四勿功夫細密行之亦有捷法如程明道以無不敬思無邪二句作主也好以不愧于屋漏一句作主也好以言忠信行篤敬二句作主也好以居處恭執事敬與人忠三句作主也好此時時覺照捷法逼是聖人之言但看我氣質之偏在何處因病而藥知其先後緩急之序斯可矣大抵聖人之言總歸于無欲

常觀浴沂舞雩氣象一條

○此正反觀其喜怒哀樂未發氣象也蓋行四勿細密功夫雖有捷法又要常觀浴沂舞雩氣象則身心不至局促宋儒自程子以後其徒遍把學講壞了德爲此日夜痛息龜山先生乃程子親授門人傳至羅豫章又傳至李延平遍觀喜怒哀樂氣象延平先生乃曰學問之道不在多言但默坐澄心體認天理若見雖一毫私意之發亦退聽矣此言至於今日數百

年間使天下學者皆流爲禪深可痛息以此作功夫
卽易經恒卦田无禽卽仙家所謂只將水火煑空鐺
者也殊不知此非聖學也乃釋氏閉城門功夫也聖
人之學在於誠意上用功夫先于懲忿窒慾若延平
此功夫乃在誠意上一層黙坐澄心無天無地無人
無我無喜無怒無哀無樂何以能如堯舜禹治歷明
時誅四凶八年於外何以能如湯武救民水火何以
能如周公坐以待旦輔幼君誅管蔡何以能如孔子
周流四方欲行道以濟時哉若延平此功夫只在深

山打坐廢絕人倫可也故學者行四勿細密功夫又要常觀洛沂舞雩氣象則功夫細密既不空疏襟懷洒落又不泥滯既高出塵寰又兩脚實地正所謂致廣大而盡精微極高明而道中庸矣

過了人欲關就見伊尹氣象一條

〇行三戒四勿功夫過了人欲一關則襟懷洒落就是非其義也非其道也祿之以天下弗顧也繫馬千駟弗視也一介不以取諸人一介不以與諸人如其義也如其道也舜受堯之天下不以爲泰行一不義殺一不辜而得天下不爲此等氣象了周子教人志伊尹之所志正在於此

[illegible]

一理合于造化

○人欲既消此身雖是血肉之軀乃一團天理矣既是一團天理無一毫人欲之私則能與天地合其德日月合其明四時合其序鬼神合其吉凶隨我素富貴貧賤患難夷狄只是此一理即無入而不自得是以在上位不陵下在下位不援上此心光明如光風霽月隨他萬事萬物紛紜轇轕在前吾性所發足以有容足以有執足以有敬足以有別本諸身徵諸民

考三王俟百世以功業則博厚配地高明配天悠久無疆一貫之妙在此矣

樂

○樂也者學之成而手舞足蹈不覺其皆道也孔子所謂知之者不如好之者好之者不如樂之者是也蓋義精仁熟則道卽我我卽道從容中道從心所欲不踰矩學必至於樂然後爲學若未至於樂猶與聖學隔一關

○此樂字生知安行者有師指授三五年卽能領悟若困知勉行者必二三十年日積月累執持旣久一

且融化方知此樂也不然其不以登山臨水歌兒舞女爲樂者鮮矣驟語此樂未免說夢也

總論

○大抵爲學有個初頭功夫有個中間功夫有個收拾功夫初頭功夫與於詩是也盖人之資禀不同有生而知之有學而知之有困而知之有安而行之有利而行之有勉强而行之初頭之時縱聖人之學亦必有所感發興起感發興起者感發興起以爲善欲明善復初以爲聖人也如吾十有五而志於學是也如張横渠少時談兵李延平少時豪勇夜馳馬數里

而歸後者發憤於正學是也既有所感發興起則必博學審問慎思明辨篤行發憤忘食好古敏求斯有所執持立於禮是也四十而不惑四十不動心是也故曰不學禮無以立宋儒敬字在此處矣執持既久義精仁熟習慣自然敬字通融化了成於樂是也到了樂處則查滓渾化意象兩忘大而化之之謂聖聖而不可知之謂神矣蓋心中斯須不和不樂則鄙詐之心入之矣外貌斯須不莊不敬則易慢之心入之矣故君子禮樂不可斯須去身致禮以治躬則莊敬

莊敬則威嚴致樂以治心則易直子諒之心油然生矣生則樂樂則安安則久久則天天則神天則不言而信神則不怒而威所謂天神者只是熟莫知其然而然也若終日只去執持莊敬不去格物則外貌雖莊敬而中心實鄙詐矣此莊以涖之次於知及仁守也噫非沈潛苦學者惡足以知之

格物諸圖終

入聖功夫字義敘

豫章王必恭

此入聖之梯航也不知此則莫知適從矣先生接引後學于大學古本格物圖省覺省事錄之外復作此字義先生常曰聖人可學公卿難到讀此則聖人果可學特患人無志向爾先生之學不立門戶惟以孔孟遺言表章之又不求人知自丁丑歲去客萬縣求溪汪易于今十三年矣求溪在萬縣江之南萬山之中人孰得而知之先生常對必恭

曰學者做工夫急欲人知此大病痛初入求溪之時鄉人不知先生所爲何事獨郭夢菊公見先生文集謂先生詩録其文蔚然有陶韋之風流學録其理淵然得薛胡之正脉他無所知者先生既不求人知自先生依乎中庸無驚世駭俗之事所以海內知先生者尚少正所謂遯世不見知而不悔也宦蜀中者如撫巡徐華陽公代巡喻吳皋公孫肯堂公何淵泉公督學郭夢菊公郭青螺公分巡范羅岡公張篙淮公及府縣諸公謂先生梁州高

士者有之清節可風者有之東川高士者有之三川高士者有之天下高士者有之孝廉經世者有之清和入聖者有之一代大儒者有之天下一人者有之以所居之室左爲暐暐窗右爲囂囂榻者有之以其堂爲明道堂悅我堂者有之以先生人品絕似康節而才則十倍於康節者有之諸公可謂知先生矣然皆仰先生人品之高欲一見先生而不可得者恐猶未深知先生也獨傳達吾公謂先生千載真儒直接孔氏之傳雖程朱復生亦必

屈服乃深知先生者盖達吾公萬縣人先生客萬縣求溪有年凡先生一顰一笑一言一動肝肺中之事達吾亦深知之故達吾自謂爲先生之鍾子期者此也必恭从聞先生有入聖功夫字義屢次請見此書先生笑而不答至今年方得梓之此字義與吾友李先春讀之反復盖聖人復起不易其言者如明德二字舊時以爲虛靈不昧先生獨曰此五倫見之躬行所謂有諸已而後求諸人者也何也所謂平天下在治其國者一節乃釋經文古

之欲明明德於天下一句也當時親炙門人[illegible]以老老長長之五倫釋之矣若虛靈不昧必能明明德於天下也哉此聖人復起不易其言者也格物二字舊時以爲窮極事物之理先生獨曰格物二字卽克己二字也當時之門人傳曰苟日新日日新又日新非克去己私乎如切如磋如琢如磨非克去己私乎克明德謎非克去己私乎此聖人復起不易其言者也一貫二字舊時以爲一理而貫通萬事先生獨曰一字乃聖賢傳心秘訣之字也

始於堯舜文武非孔子之言也蓋惟精卽格物也
惟一卽此一也純一不已卽此一也所以孔子又
曰所以行之者一也又曰天下之動貞夫一者也
夫以一而行天下之達道以一而貞天下之動非
一貫乎所以曾子明之以忠恕也先生常與必恭
曰忠者盡乎天理之心而不閒以一毫人欲之私
者也一者純乎天理之心而不雜以一毫人欲之
私者也忠守就此心於天理上盡了無虧欠說一
守就此心於天理上純了無夾雜說曾子以忠恕

明一貫者以此所以不說吾道一理以貫之止說吾道一以貫之吾道一以貫之雖不外乎理然與吾道一理以貫之其差別語意卽如由仁義行非行仁義也之意盖一者無欲也渾身皆無欲也卽無意無必無固無我也若單說一箇一字則一字重而理字輕五官百體皆說在其中矣若兼說箇一理二字則理字重而一字輕此身猶見得理則五官百體與理猶分而爲二也此毫厘之差非死心學聖人者不能辨之此聖人復起不易其言者

也先生又説仁無義禮智信則不爲仁矣義無仁禮智信則不爲義矣禮智信亦然故一性出而四性從之五性不可缺一猶五官五臟不可缺一也此皆孟子以下無人發之者此聖人復起不易其言者也宜乎兩洲謂先生功不在禹下也先生人品甚高每日獨坐畫一太極圖於壁時時坐蒲團玩之此圖與周子不同乃先生悟造化之理而畫之者誅茅爲草堂自名爲快活庵以所飲之酒名爲快活春所臥之榻名爲九喜榻其學以無欲爲

主人品絶似孟子楊兩洲見先生還其友人問兩洲曰瞿唐公何如人兩洲曰不枉見有司高談仁義蓋再生之孟子也事伯兄如事父今年徐華陽公送銀十二兩即分其半與伯兄甘貧樂道忘食忘憂不知天壤之間有何富貴真疏食水飲樂在其中而視不義之富貴如浮雲者薛敬軒與陳白沙二公允宋儒有言之不是者二公絶口不言再不論其是非獨先生與王陽明有不是則辨之先生常與必恭曰此論天下公理之是非非論其

人品也若摘人之短言人之過豈但非吾儒之事蓋小人之尤者若論公理有何害哉卽孟子所謂予不得已伊尹所謂非予覺之而誰孔子所謂弗明弗措有何害哉譬之官道天下之公路也路有南北或論當南行或論當北行此特論天下之公路耳與人何相干哉若先生與程朱同時亦直諒多聞之友也先生之學一字一句皆從心悟見人則以聖人可學爲言郭青螺謂先生心無區囿學有淵源蓋以此也必恭旣得字義捧讀因問先生

入聖功夫靜坐何如先生曰此一種功夫乃程子因孔子敬以直内洗心退藏於密此二句說所以下此功夫程子高明不墮空寂若他人不免有此病爲學要行遠自邇登高自卑於人情物理上做工夫自下學而上達矣孔子之非禮勿視聽言動孟子之孝弟忠信乃其的當功夫也蓋無欲故靜聖人立人極不過無欲耳若入聖在靜坐則堯舜禹湯文武周公孔子入聖人皆如彌勒佛之閉目靜坐矣先生註易求溪程傳本義皆以象失其傳

皆言理而不言象先生曰易者象也象也者像也此孔子之言也易不知其象易不註可也求溪十年後去遊五岳復至求溪居一樓十夜不寐偶思見豕負塗一句遂悟其象常與必恭曰易象未失其傳易有錯有綜有互有中爻皆備於圓圖序卦之中特宋儒不潛心考究耳先生之易六十卦有二十與宋儒不同三百八十四爻有一百五十爻與宋儒不同如註剛柔相摩八卦相盪易知則有親易從則有功這非宋儒所可及雖先生山林中

近三十年思之思之鬼神將通之然亦聖朝治化休隆天啟文明不借才於異代有神以助先生也前年必恭去拜先生先生正訂易亦要存亡吉凶明白親切雖親授孔子口訣亦不如是也故孔子已後知易者獨先生也蓋先生原未讀易先生之易先畫太極圖而以易證之則先生胸中原有易矣故一見易而豁然也易象與錯卦綜卦自漢儒歷有宋四大儒及精其易如康節者皆不能悟先生獨悟之則先生非親受業於孔子者乎先生

之互錯綜三體自然圖與伏羲之圓圖文王之圓圖此三圖者皆天地自然之象數歷萬古不磨者也信乎千載真儒直接孔氏之傳雖程朱復生亦必屈服達吾公真先生之鍾子期也必恭於字義中有發前賢所未發者恐人忽略借爲旁註標出非敢阿私所好古人云東海有聖人出焉此心此理同也西海有聖人出焉此心此理同也鳳毛麟角先生雖不求人知闇然日章自有知先生者刻成之後因書數字弁諸首以告天下不深知先生

者

序終

重刻來瞿唐先生日録

入聖功夫字義目録

義利三條

道十五條

德十條

理四條

忠附信恕共七條

才三條

敬七條

誠四條

中庸三條

老佛四條

格物一條

一附一貫共十一條

讀書一條

重刻來瞿唐先生日錄

入聖功夫字義

躬行

○孔子曰文莫吾猶人也躬行君子則吾未之有得以孔子而猶曰躬行君子則吾未之有得況學者乎又曰君子之道四丘未能一焉有所不足不敢不勉有餘不敢盡言顧行行顧言君子胡不慥慥爾必至慥慥此之謂實學

○聖人雖可學無志者不必論矣有志者豈能徑造

所謂躬行者豈有別道不過出孝入弟人情物理上用功夫張橫渠云心中有所開卽便劄記近日薛文清公亦用此法此便是四端擴而充之功夫其次致曲功夫劄記者無非遏人欲而存天理也無非克己無非格物無非寡欲無非懲忿窒慾無非求放心將此種功夫時時覺照戒慎恐懼終食不違有事勿忘此之謂慎獨此便是躬行漸次功夫如此去躬行久久成熟美大聖神自然馴至矣非粗心浮氣卽去躬行也

〇孔子曰學之不講是吾憂也講學者所以辨理欲也辨理欲將來脩德遷善徙義也若不能脩德遷善徙義講之何益又曰學以聚之問以辨之寬以居之仁以行之學聚問辨者正欲寬居仁行也使不寬居仁行學聚問辨何益又曰脩禮以耕之陳義以種之講學以耨之本仁以聚之播樂以安之耨者薅草也講學以耨之者去其人欲也不能本仁以聚播樂以安則耨之之功亦枉矣耨之何益所以王陽明說博學之即是行之功夫陽明之意

以不能行其學猶未博也其問猶未審也以知行合一異於宋儒在此雖其言不免傷於快然無非欲人躬行之意

○學者若不能慎獨克己躬行實踐乃去終日講學講之何益如司馬君實不講亦不害爲君子若有文章無德行則其文皆虛文飾輪轅之虛車也終何用哉且如王介甫臨川集一百三十卷婿蔡卞以其言與孟軻相上下東坡謂王氏之文未必不善而患在好使人同已神宗在藩邸已聞其名及

即位頒其所術詩書周禮義于學宮以取士新義
既頒一時學者無敢不傳習而先賢傳註一切不
用天下皆習王氏之學以取科第蔡京乃卞之兄
人相後遂尊崇王氏詔配享孔子及政和三年復
追封爲舒王又封子雱爲臨川伯從祀孔子廟庭
但其人賦性很愎有客氣所以新法之行附已者
以爲通變不附已者以爲俗學就說天變不足畏
祖宗不足法又說今人未可非商鞅商鞅能令法
必行通不是話了原其心雖未曾立心爲姦然其

性執拘不能克去巳私安能從祀故宣和之亂龜山上言今日之禍安石啟之遂罷祀廟庭正所謂難將一人手掩得天下目也又如禮記乃戴聖所纂鄭康成注之卽所謂小戴也唐貞觀初以有功聖門從祀孔子廟庭戴聖在漢爲九江太守不法何武爲揚州刺史聖懼自免後爲博士毀武於朝廷武聞之終不揚其惡而聖子賓客爲盜繫廬江聖自以子必死武平心決之卒得不死自是聖慚服聖身爲賊吏子爲賊徒縱有功聖門豈可從祀

然眞觀從祀至今近一千年矣歷宋朝無限名々不能查出至嘉靖庚寅議大禮方罷祀可見難將一人手掩得後世目也嗚呼人之躬行可不慎哉故君子慎獨

心

○心者身之主宰以氣論心屬火其脈絡通乎五臟百骸故能爲一身之主因屬火火然物故出入無時莫知其鄉

○心有形有氣有神形者心之體也氣者息之呼吸

也神者性也附於心之仁義禮智信之理也天所賦我之性故有善無惡但理附於形氣之中即有善惡矣

此二條論心字義

○堯舜分箇道心人心論起來止是一心無二心然理附於形氣不容不兩分矣理附形氣之中無聲無臭不睹不聞無依憑有感觸方發見故曰道心惟微人所稟氣質之性剛柔善惡不同若惟縱其耳目口鼻四肢之欲則滅天理而窮人欲矣心之

所思所想者皆行險僥倖之事豈不危殆故曰人心惟危故常人爲形氣所勝道心遂不發見矣雖天理之在人心未嘗暫息然暫時發見暫時昏蔽惟聖人則無形氣之私純是天理所以常人多而聖人少也

○堯舜教人以精一功夫無非教人去形氣之人欲而存天命之天理精字從米以一字論之一對二言一是米二是莠稗糠粃精以擇之者擇去莠稗糠粃而存米也以精字論之精對粗言一是熟米

之潔白者精是春得熟簸揚得淨也二說不同然

要之皆去人欲而存天也

此二條堯舜論心之祖

〇是心也自其爲一身之主曰大孟子曰先立乎其

大從其大體爲大人是也凡人稱所生之父爲大

人是尊此心爲親也又稱爲天君是稱此心爲君

也以官爵論曰艮貴曰天爵充之曰美曰大曰神

曰聖是天地間之至尊至貴者此心也而人之至

尊至貴者亦莫過此心之仁義道德也守之旣貴

行之文利廓之配天地故喪其心而不知求宜乎孟子哀之周子亦云聖賢非性生必養心而至之明道先生亦云人於外物奉身者事事要好只有自家一箇身心却不要好苟得外物好時却不知道自家身與心却已先不好了故聖人行一不義殺一不辜而得天下不爲者以心重於天下故也

此一條論心尊貴

○孟子曰人之所以異於禽獸者幾希所以異之者此心也若喪失此心違背天理無仁無義不孝不

俞即禽獸矣雖身都將相金穴財山與此心何加損哉王陽明亦云若違了天理便與禽獸無異便偷生在世上千百年也不過做了千百年禽獸者此也正孔子所謂罔生

此一條論喪心

〔不可在一顰一笑一步一趨上學聖人只在心上學若要說如何溫而厲如何威而不猛如何恭而安如何申申如也如何夭夭如也如此去學聖就差了

此一條言學聖在心

志

○志者心之所之如我心要想行到某處必要忙忙行到方是志若心要想行到某處却又說行不行或行得緩就不是志了故有志聖學而不能躬行得到者終是志衰

此一條論志之字義

○孔子曰吾十有五而志於學故能從心所欲不踰矩則志學之日已不踰矩矣孟子曰志之所至氣

必至焉故曰舜爲法於天下可傳於後世我猶未免爲鄉人也是則可憂也憂之如何如舜而已矣故能養浩然之氣充塞天地則志之所至之時已充塞天地矣朱晦庵幼時章齋先生授之孝經晦庵一閱封之題其上曰不若是也非人則晦庵幼時立志已非凡品故學者莫先於立志

此一條論古聖賢自幼立志之大

○有一樣人少小未曾立志乃因跌蹶或因困窮偶然發憤而立志者如越王勾踐因敗於吳棲於姑

蘇遂臥薪嘗膽夏月持火冬月持氷其立志如此後遂擒吳故曰勾踐事吳班超少有大志傭書養母乃投筆嘆曰大丈夫當立功異域以取封侯安能久事筆硯乎左右笑之超曰小子安知壯士之志後果出征西域封定遠侯蘇秦家貧不禮於嫂發憤讀書欲睡引錐自刺其股血流至踝後相六國故曰蘇秦之相六國家激之也蘇秦爲人固不足道某 寫此止見古人如此發奮也

此一條言古人立志發奮取富貴雪耻

○有因蒙大難而發憤立志爲文章者如司馬遷因宫刑遂脩史記成一家之言至今謂之遷史觀其報任少卿書曰文王拘而演周易仲尼厄而作春秋屈原放逐乃賦離騷左邱失明厥有國語孫子臏腳兵法脩列不韋遷蜀世傳吕覽韓非因秦説難孤憤此人皆意有所鬱結不得通其道乖空文以自見觀司馬子長此書則古人皆有所感激立志爲文章可知矣

此一條言古人立志發奮爲文章

○人之氣質不同志向因之不同故有志道德者有志功名者有志富貴者以三等評論之道德上矣立功名者次之富貴又其次也然人情多愛富貴孔子亦曰崇高莫大於富貴又曰富與貴是人之所欲也是聖人雖絶學亦未嘗不近人情也然志於道德豈貧賤之人方可志而功名富貴者即不可志哉是道德未嘗得功名富貴也且如堯舜爲天子富貴矣堯舜則開精一之祕其仁如天其德好生無往而非道德乃得其位得其祿得其名得

其壽後之聖人皆祖述之是道德未嘗碍天子也至於商紂亦爲天子乃力行無度穢德彰聞崇信姦回放黜師保所爲者皆反道背德之事豈不爲天下僇哉周公與曹操皆爲宰輔以輔幼君周公則思兼三王以施四事夜以繼日坐以待旦皆道德之事是道德未嘗碍宰輔也至於曹操之爲宰輔爲鬼爲蜮至今稱周公爲聖人而罵曹操爲奸鬼豈曹操亦未嘗行一不義殺一不辜而天下後世亦謂之奸鬼哉看來栽培傾覆皆存乎其人爾

盖道德存乎我，富贵存乎天。使我有此富贵也，虽千方百计辞之，而不能去；使我无此富贵也，虽千谋万巧招之，而不能来。而乃既得富贵，背去道德，愚亦诚甚矣。故富贵之人不可志向之错。通是名言，必恭云。当书绅

此一条言人志向有三等，道德未尝碍人富贵，既得富贵之人，还当志道德，不可立志之差。

○声名财利多能夺人之志，故曰贤而多财则损其志，岂但声名财利能夺其志？至于小事亦然。程明道亦云：子弟凡百玩好皆夺志，至于书札，于儒者

事最近然一向好看亦自喪志如王虞顔柳輩誠爲好人則有之曾見有善書者知道否平生精力一用於此非惟荒廢時日於道便有妨處足知喪志也

此一條聲名財利凡百玩好皆能喪人志

〇人未有無志而能成其事者自古人班超司馬子長諸人觀之或有志立功異域或有志爲文章成一家之言皆能成其志而況於心學乎若有志於心學既不至異域費我之力又不做文章費我之

心又況仁義禮智信乃我之固有又不俟外求吾（皆令後學者悟之之言）惟慎獨遏人欲以存之而已此功夫又簡易不煩項孔子曰易則易知簡則易從易知則有親易從則有功有親則可久有功則可大可久則賢人之（此等處皆非所易得）德可大則賢人之業易簡而天下之理得矣天下之理得而成位乎其中矣又不勞擾費思慮孔子曰天下何思何慮同歸而殊途一致而百慮天下何思何慮又不似禪家離了父母捨了妻子斷了酒肉去荒山野箐終日端坐左右在人情物理五

倫上做功夫又尊貴不卑汚故曰富莫富於蓄道德貴莫貴於爲聖賢人能得此種功夫之味識此種學問之趣雖隋珠在前趙璧在後亦莫之顧也（必恭下功夫到純熟處方能出此言）故緇視珠玉塵視冠冕而乃曠安宅而弗居舍正路而弗由者無非欲肆其耳目口鼻四肢之欲爾

此一條言志心學之易志心學之尊貴

○即今科舉之士雖有司呼喝搜檢披髮以相見與三代之士邈乎不同有志者必鴻冥鳳舉然時勢不得不然耳鴻冥鳳舉者豈多見哉爲今之士若

於平時肯講究如何而中和如何而天地位萬物育如何而格致誠正如何而脩齊治平誦詩讀書做舉業以應舉先一切丹流得喪俱置之不問及爾登第之後將平日所講究學問舉而措之則登第者乃仁義道德之舟車也何人不可成何聖賢不可做哉卽今薛文清公王文成公豈不登第豈不居高位而二公皆爲名儒是科舉亦未嘗累人也今則不然入塾之時師之所敎者富貴也士之立志者富貴也父母之所望者富貴也妻子親戚

之所欣慕誇張者富貴也也不知心學爲何物及
爾登第果然紆金曳紫聲勢赫耀不惟士之志已
遂而父母妻子親戚之志願亦遂矣一旦物故與
草木同其腐朽同覩薛王二公千年萬年不死皆
在天上矣二公且不能及又何望其堯舜周孔之
聖人哉有用而不能載仁義道德有車而不能駕
仁義道德可嘆可嘆可惜可惜

此一條嘆科舉之士一不肯志心學

太極

○極者至也無以復加也若可復加是不及矣若過於極是太過矣皆不可以言太極所謂上天之載無聲無臭至矣是也

○在造化上言理曰太極離不得天地萬物離了天地萬物是老莊之說矣在人所賦之理曰至善曰厥中若在造化曰至善曰厥中說不通矣其實理無二理人與造化一而已矣特命名不同爾

○周子恐人認太極爲有形之物故曰無極朱子與

陸子因此二字講幾年講千萬言陸子說周子不是朱子說周子是講到臨了朱子云我日斯邁而月斯征各尊所聞各行所知亦可矣無復望其必同也陸子荅云尊兄遽作此語甚非所望願承未光以卒餘敎古人爲一字一義其爭辨如此非如今人苟且就遮其實周子加無極二字無害

此三條論太極名義

○太極之理在天地即日月萬川之意譬之於樹有一樹之太極有一枝葉之太極有一花一實之太

極有華於春樹之太極有華於夏樹之太極何也
蓋凡物皆有元亨利貞物之初必萌芽而生既生
了方長長了又既而衰變又既而剝落歸根復命
到了歸根復命貞下又起元矣故春夏秋冬之樹
皆有太極故曰一物原来有一身一身還有一乾
坤故有終古之太極有萬年千年百年之太極有
十年之太極有一年之太極有一晝一夜之太極

此一條言天地萬物統一太極

○太極雖理離不得氣周子說太極動而生陽靜而

生陰此二句本於孔子易有太極是生兩儀此二
句來不是有太極方有動靜太極即含動靜動靜
乃太極之本體生陰生陽乃太極之流行也陽極
于六則陰生陰極于六則陽生故五行旋相爲本
冬水爲春木之本春木爲夏火之本夏火爲中土
之本中土爲秋金之本秋金爲冬水之本五行旋
相爲竭春木竭冬水之氣夏火竭春木之氣中土
竭夏火之氣秋金竭中土之氣冬水竭秋金之氣
爲母者以氣爲本而生其子爲子者因生而又竭

毋之氣一死一生一代一謝遂成四時此太極自然之氣也

此一條論太極之氣

○既有形氣即有象數天一地二天三地四天五地六天七地八天九地十此天地自然之定數也天數五地數五天地之數五十有五此所以成變化而行鬼神聖人參天兩地而倚數倚者依也參其天而兩其地則五矣言數必依五而起也故天地之數必成於五天地之數以五而對對其五則十

矣何以天地之數成於五蓋天一生水地六成之故河圖一六居北地二生火天七成之故二七居南天三生木地八成之故三八居東地四生金天九成之故四九居西天五生土地十成之故五十

天地五行逢五即成此處必先生口授方可

居中此河圖自然所居之位也何以天地之數對於其五如天一生水地六成之是一對六也故一對六二對七三對八四對九五對十至十而止此河圖自然各對之數也數之對既至十而止以十計之一者八卦太陽之位也然不及于五不成其

數一二三四皆然除其一則九矣故九爲太陽二者八卦少陰之位也除其二則八矣故八爲少陰三者八卦少陽之位也除其三則七矣故七爲少陽四者八卦太陰之位也除其四則六矣故六爲太陰此四象也周公定六爻不曰陽而曰九不曰陰而曰六者以一二三四雜是陰陽不及其五不成其數所以以九爲太陽以六爲太陰也以四象分之陽每一象得其九四九得三十六數陰每一象得其六四六得二十四數以六爻分之陽每一爻

得三十六六爻得二百一十有六矣故乾之數二百一十有六陰每一爻得二十四六爻得百四十有四矣故坤之數百四十有四乾坤共三百六十數乃一年之數也六爻雖周公所定然陽極于六陰極于六乃自然之數非周公安排又以六十四卦六爻分之陽爻百九十二每爻三十六得六千九百一十二數陰爻百九十二每爻二十四得四千六百八數乾坤共萬有一千五百二十當萬物之數此加一倍法孔子言之邵子得之引而伸之

觸類而長之者此也此太極自然之數也

此一條言太極之數

○故有此形氣即有此象數有此象數雖天地且不能逃而況於人乎人初生時既有此形氣即有定數一死一生一富一貴一貧一賤一行一止一飲一啄皆其定數姑引一人言之如鄧通爲黃頭郎既爲黃頭郎決不能富貴矣不料文帝一夕夢登天未得上有一黃頭郎從後推之遂上顧見其衣後穿及覺而之漸臺見鄧通形貌與夢中相合衣

後亦穿即寵幸之擢爲太中大夫使之貴賜銅山使之富自古富貴寵幸之人有因技藝而得者有因便佞善承奉而得者有因才能而得者有因外戚而得者今皆無所因乃夢而得豈非一定之數耶既得富貴宜乎不貧賤而餓死矣後景帝時下吏依然餓死可見一定之數不能逃也有此欄柄所以先生弃功名如草芥

此一條言人有一定之數不能逃

○生出大聖人來知天地間有此氣有此數有此太

極之理故不於氣數上做功夫乃於太極之理上做功夫故在天地謂之太極在聖謂之一貫有此太極故萬物從此出有此一貫故萬應從此出故聖同天

此一條言聖人能體此太極之理

〇常人則於形氣上做功夫口之於味也目之於色耳之於聲也鼻之於臭也四肢之於安佚也皆欲遂其所欲必須要箇富貴方能遂此欲所以舉世之人求此富貴奔忙到白首至於殺身亡家而不

止者無非奉承此血肉之軀耳殊不知旣有形氣則有象數旣有象數則有成有敗有聚有散有吉有凶有禍有福所以某常說古今繼體之君止知一箇安字不知一箇危字古今宰相止知一箇進字不知一箇退字古今積財之人止知一箇積字不知一箇散字惟其不知危字所以不善於危惟其不知退字所以不善於退惟其不知散字所以不善於散見到此此所以先生胷中洪然無欲必恭云又省悟畨

此一條言常人惟於太極形氣上做功夫

○自科舉之學興讀孔子之書者也不知心學爲何物朱子集近思錄人乃譏之曰大太極在篇首是遠思非近思矣殊不知人不知太極之理則不知理之本原何以講學

此一條言學者當知太極

命

〇命者令也在尊者教令乎下方可曰命故曰大命曰君命曰父命朱註謂天以陰陽五行化生萬物氣以成形而理亦賦焉猶命令也是也

此一條言命字義

〇此命字有三義天之命以命令而言也莫非命也生死有命之命仁之於父子也義之於君臣也命也之命以命數而言也然命數有兩般不同莫非命也死生有命之命以命數之貧賤富貴夭壽

窮通而言也仁之於父子也義之於君臣也命也
之命以命數之稟氣淸濁厚薄上智下愚賢否而
言也北溪陳氏亦常辨之矣

此一條言命字有三義

○然命字之義不同何也蓋天以陰陽五行化生萬
物萬物得化生之後卽有形象矣有形象卽有一
定之數所以天命之命以命令而言也萬物受形
之後以命數而言也以命言者兼理與氣而言也
以數言者專以氣言也

○此一條原命字不同之義

如以氣化論天下雷行物與无妄當春發生之時是命令也百草萬木皆於此時萌芽矣但萌芽之後有在地之肥處者有在地之瘠處者肥處長得快又長得大瘠處不免遲而小矣又或在陰厓日所不到之處又加之以地瘠則較之地瘠之處又遲而小也故雷行物與命令雖同而草木受氣之後有此數等不同也

此一條言命之氣化不同

〇如以形生論男女構精萬物化生女受男氣之時是命令也及受氣之後一成其形則有數矣所以氣數不同也故人之生有同年同月同日同時而貧賤富貴夭壽窮通智愚賢不肖不同者蓋因父母之剛善剛惡柔善柔惡其形性不同子遂因此不同一也又或父精母血受氣足與不足其不同二也又或有鍾天地古今之氣運者如五帝三王周孔是也或有鍾天下一時之氣運者或有鍾一方一郡一邑之氣運者其氣運不同三也又如人

受父之氣多則形貌與父同受母之氣多則形貌與母同或與母之兄弟同皆一氣故也天地乃萬物之大父母則人所居之地方即父母矣或所居之地山川秀特或山川醜惡人居於此方目之所視耳之所聞足之所履口之所飲食者此方水火之熏蒸草木之滋味日夜之所長養者皆在此方又或父母祖宗骨血皆埋藏此方則其氣之所通亦猶受父之精受母之血矣所以山川秀特者出人亦秀特山川醜惡者出人亦醜惡故太平之人

仁丹穴之人智太蒙之人信空同之人武風土不同故也故橘踰淮而北爲枳鸜鵒不踰濟貉踰汶則死物且如此而況於人乎此不同四也故受炁母之氣雖同而受氣之後有此四者不同矣同年月日時而窮通壽夭不同者讀此段了然明白矣必恭亦了然

此一條言命之形生不同

○聖人則以天命我之理全而生之全而歸之故盡心知性以知天存心養性以事天而主於我之形氣惟夭壽不貳脩身以俟之而已故曰居易以俟

命故曰道之將行也與命也道之將廢與命也故曰莫非命也順受其正故曰進以禮退以義得之不得曰有命近日虛齋先生亦曰命好德不好王侯同腐草德好命不好顏回任貧夭亦此意人之脩身能如此惟知其理而不知其形氣則宇宙在我之手命自我立謂之自造其命之不好者亦好矣如莆田黃伯固合州鄒立齋二公皆夭而無子然二公皆爲千古之人是無子而有子無壽而有壽也又如國家大難當捐其軀乃過涉滅頂可

謂命之極不好矣然殺身成仁舍生取義此之謂
雖禍亦福也如安祿山反令狐潮圍張巡城四十
餘日以天道誘之張巡曰君未識人倫焉知天道
此雖孔門名儒之言亦不過此後雖力竭城陷然
成仁取義有何愧哉此亦命不好亦好之一端也
若偷生一時不免遺臭萬年天下古今豈有長不
死之人近日忌陽明先生者謂先生始趨濠約後
持兩端遁歸爲伍太守強留會濠攻安慶不克乘
其沮喪幸而成功陽明先生一代大儒豈反不如

張巡知未識人倫焉知天道哉蓋應變有術縱趙
必恭云此一段方服倒忌陽明之人
濠約亦兵家之術也豈不聞夫之獨行遇雨若濡
有慍乎王允之于董卓溫嶠之于王敦顏杲卿之
于安祿山皆用此術縱約無害也若無爾強誣一
代之大賢其心亦太毒矣然功高人必忌之忠肅
虞公采石之戰以八千卒禦金虜兵四十萬其功
可謂偉矣而忌之者猶曰適然則忌人功者亦古
今常事也若常人不知天命之理惟奉承天命之
形氣命窮者只欲其通命貧賤者只欲其富貴奔

從至死及到終身之時命窮者依舊窮而貧賤命通者依舊通而富貴人身便是銅造化便是筴與你命原是鐘造化鑄你一箇鐘命原是磬造化鑄你一箇磬百年之間其中可憐有許多齷齪許多伎倆將心術逼壞了依然只由造化由不得人心所願造化有知豈不一笑張乖崖云應被華山高士笑天真喪盡得浮名果然爲此浮名虛利將天真都盡喪 令人心痛

此一條言聖賢君子能盡天命之理而常人則

惟奉承天命之形氣

○故天之將降大任於人必令他受其苦方增益其所不能如孔子少孤爲大聖李密少孤母適人爲孝子范希文少孤母適朱遂姓朱祥符八年進士朱悅是也後爲兗州（此先生讀書多處）推官方復姓更名范仲淹所以更名表云乘舟偶效于陶朱入境遂同于張祿蓋以范蠡范雎比之也爲名宰相衛青少爲騎奴爲名將古今少孤苦而爲豪傑者非止一人略引數以見命不好而能立命者之一端也

性

○自孟子說性善性字已講明矣宋儒曰性卽理也理則自堯舜至於塗人一也又分箇氣質之性則性字難明矣

此一條言性之字義

○堯舜說箇道心人心則卽分天地之性氣質之性矣至橫渠云形而後有氣質之性善反之則天地之性存焉故氣質之性君子有弗性者焉此言發孟子所未發巳說盡矣盖天地之性自道心一邊

而言也無聲無臭形而上者也理也道也氣質之性自人心一邊而言也有形有象形而下者也氣也器也理附乎氣器寓乎道本不相離若以一而言之理卽氣氣卽理道卽器器卽道若以兩而言之寓乎軀殼之中者純是天理故曰性善若軀殼則因人所稟氣質有剛柔善惡卽有善有不善矣

此一條言性分天地之性氣質之性

○氣質之性有善有惡者皆因人之所稟聖人稟得天地中和之氣氣生得清質生得粹所以生下來

就不雜於形氣就能生知安行然生知安行中又有分兩不同如伯夷之淸伊尹之任柳下惠之和稷之稼穡䕫之樂臯陶之刑一節皆生知安行而不能兼通譬之於天春生與天同而不能兼乎夏長秋歛與天同而不能兼乎冬藏惟孔子貫乎四時所以古今獨稱孔子爲聖之時也賢人則淸濁相半必要加善反之功下此困知勉行者必人一能之己百之人十能之己千之方反得過來如薛文淸公生時五臟露如水晶其淸透骨有此異質

所以爲各儒以藝論之如倉頡之字蔡倫之紙皆一節之聖皆天所生氣質一節之入于聖者

此一條言人氣之性聖愚不同

○性卽理也心統情性則心卽性也聖賢說話有將人心通作理說者如言仁人心也盡其心知其性存其心養其性通作理上說

此一條言心卽性

○人心有出入存亡性無出入存亡性者與生俱生與形俱形不以堯存不以桀亡我固有者也何以

見得不以堯存不以桀亡且如孺子將入井一街一市人無大無小通驚惶皆有怵惕惻隱之心豈一街一市之人無大無小通皆堯而不皆桀哉性無出入存亡于此可見

此一條言性無出入存亡

〔　〕性字上加一不得功夫易經閑邪存其誠是言聖人已具真實無妄之理而又閑邪乃純一不已之心無斁亦保之意至若學者惟操存此人心戒慎恐懼時時覺照使一不放失就是存天理功夫蓋此性

此理本純粹至善無聲無臭又增他不得又減他不得又汚濁他不得惟人欲遮隔就不能發見矣所以遏人欲卽所以存天理也譬如日月何等光明偶被雲霧遮隔就不明白雲霧一開依舊光明人欲譬之雲霧有聚有散做得功夫性譬之日月做不得功夫所以某常說不當依程明道要識仁王陽明要致良知還當依孔子蓋仁智無聲無臭（必恭云某然識不得致不得）原無面目何以識得他何以致得他孔子有明訓克己復禮爲仁物格而后知至只是克己格物遏

了人欲仁智即發見矣何必于仁智上求所以子罕言仁又曰好知不好學其蔽也蕩孔子未嘗教人識仁教人致良知也還依孔子何等穩當必泰云程王二公亦必屈服

此一條言性上做不得功夫

○何以盡性即盡人物性而與天地參蓋性者天地萬物之一原天地萬物止有此一箇太極之理止有此性特人與萬物分散之耳所謂萬物體統一太極一物各具一太極也我能盡此性則我即天

地寔即易簡之理得而成位乎中之意說箇參天地似甚大其實盡了性即了手

此一條言盡性之能事

○五性本于五行人乃天地之心陰陽之會鬼神之交所以五行之性遍寓于人身軀殼之內若分言之仁屬木木在春生木其形也春其氣也仁其神也春有發生之意故曰仁者心之生理生即有愛之意故仁主於愛父母乃生我者故愛莫大於愛親故宰予欲短喪孔子曰予之不仁也故曰仁之

實事親是也愛即有惻隱之意故發之情爲惻隱有惻隱之心必能行不忍人之政故體仁足以長人因春在四時之首故曰元者善之長也使無春安能有夏秋冬故仁包四德故曰乾元者始而亨也利貞者性情也此之謂仁之性千古之儒說仁親切無過于此此便是識仁

○仁乃吾性性者萬物之一原故仁者以萬物爲一體既爲一體所以醫家以一身之痿痺氣不到者爲不仁故一日克己復禮天下歸仁焉以仁乃人

所性而有人人皆具人所同然故也

○釋氏以慈悲爲本梁武帝以麵爲犧牲豈不是仁但廢了禮又不是仁了又是私了故曰禮儀三百威儀三千無一物而非仁也

○仁故主于愛但勢有所不及亦不能行之如下井救人子貢博施濟衆之類皆勢所不及者又如天旱家中粮食止可養父母救不得外人外人縱當面餓死此心見之亦有所不忍然說仁親切處必蔡云不忍樣子不容不然亦無如之何皆勢所不及故曰夫仁者己欲立而立人己欲達而

達人能近取譬可謂仁之方也已聖人之仁心雖無窮而勢則有限就譬如日月一般日月無私照萬國九州照得到者皆其所照照不到者日月亦無如之何也如陰崖草木日月年年月月照不到亦勢所不及矣如必要照得到就是私了如今人不敬父母而反去奉佛者逼是一團私

○禮屬火火旺于夏火其形也夏其氣也禮其神也萬物齊乎巽相見乎離萬物在此長養潔齊有齊整相會之意故曰亨者嘉之會也大大小小草木

通暢茂有三百三千禮儀威儀之意火不可近故禮主於嚴相見必相敬故禮發乎敬

○義屬金金旺于秋金其形也秋其氣也義其神也秋萬物搖落又金堅有斷割之意又萬物美利告成有宜於人之意故曰利者義之和也

○智屬水水旺于冬水其形也冬其氣也智其神也水能照物于內故有知是非之意又冬嚴凝有貞固之意

○信屬土土貫乎四者之中所以河圖洛書土皆居

中也土有敦厚篤實之意故信者土之神也所以臨卦復卦艮卦曰敦臨曰敦復曰敦艮者皆因坤土艮土也引証更切

此數條分而言五性

○若以五性合而言之不過一理譬如一座城開東門自東門而出者仁也開西門自西門而出者義也禮南智北亦然四端發見就譬如人之五官五臟不可缺一以仁言之仁無禮則將以麵爲犧牲非仁也無義則不能裁割斷制流于兼愛非仁也

無智則下井救人其蔽也愚非仁也以禮言之禮無仁則儀文雖具情意不相洽浹非禮也無義則品節儀文不得其宜非禮也無知則冥行妄作非禮之禮非禮也以義言之義無仁則斷割傷于慘刻非義也無禮則裁制之間無天理節文非義也無智則凡事不知輕重權度非義也以智言之智無仁則以揣度過察爲明非智也不節之以禮裁之以義則必以索隱爲智其蔽也蕩非智也以信言之仁義禮智無信則四者皆僞矣信無仁義禮

智是尾生之信其蔽也賊非信也因五者不可缺一所以孔子告顏子問仁而曰克己復禮爲仁言仁而及於禮子張問仁孔子告以恭寬信敏惠言仁而及於恭與信故曰立人之道曰仁與義故曰仁者見之謂之仁智者見之謂之智（必恭云孟子以來儒者未說到此）故曰禮可以義起因說一箇五箇通在裏頭所以單言也可總言也亦可（必恭云此一段發孟子所未發）

此一條言五性不可缺一合而言五性

○五性金木水火土有形有氣有神人于金木水火

土形上用功夫者宮室之美妻妾之奉所識窮乏之
得我是也氣上用功夫者求仙而欲長生求佛而
欲不生不滅是也神上用功夫者君子所性根於
心生於色睟於面盎於背施於四體四體不言而
喻堯舜周孔孟軻是也形上用功夫者朝華夕落
氣上用功夫者水中捉月惟神上用功夫則以萬
讀之令人汗出
世爲土與天地同不老矣常笑李德裕平泉莊記
云鬻平泉莊者非吾子孫也以一石一樹與人者
非佳子弟也吾百年後爲權豪所奪則以先人所

命泣而告之而不知身死數年之後皆化而爲煙散而爲霧矣此形上用功夫朝華夕落之驗也作此記出此語可謂愚之甚矣反爲識者所笑然古今之愚豈獨一李德裕哉於此又見蕭何之賢必恭云達吾公謂先生千載眞儒者在此

此一條言獨聖人於神上用功夫

良知

○孟子曰人之所不慮而知者良知也旣然說不慮而知則夫婦之愚可以與知不慮也常人不慮也賢人不慮也聖人不慮也今說致良知致字有功夫則又是慮而知矣蓋良知本我固有特物欲有所蔽錮則良知不能發見故聖人先教人格物格去其物欲則良知自然發見矣物欲者卽有所忿懥有所恐懼有所好樂有所憂患之物欲也有此物欲則良知皆遮蔽矣

○良知即五性中之智也乃天理也發而爲是非之心者此也即誠明之明也所以說自誠明謂之性言有實理自有此實知乃不假脩習所性而有者也蓋實理中原有明天之所命者如此聖人之完具者亦如此故謂之性未能有此實理者必明方能誠蓋未能有此實理即有私欲矣必去此私欲復其實理之本體方能明而誠故曰好學近乎智好學者擇善之功也即講學以耨之也耨之者去其莠也去其莠則嘉禾自長養矣

〇譬如居官清廉一介不取諸人雖愚人亦知其好官豈但居官者自知之是清廉之官人皆知其好官者乃是非之心不慮而知良知也但有所好樂好樂妻妾之奉宮室之美有所憂患憂患子孫無大財産所識窮乏之無以得我即汚濁不做好官而良知盡喪矣若要做好官必格去有所好樂有所憂患之物欲則有以復其良知之本體所以說致知在格物某說良知乃天理做不得功夫者此也

此三條言良知必恭云此後一段說盡世態

義利

○五性獨以義對利者公私之間而已利非特指財貨爵位也如專以財貨爵位之多寡輕重高下爲利則舜受堯之天下乃利而陳仲子乃義矣蓋凡事但有一毫私心就是利且如世間人有夫有妻有父有子有君有臣乃天地之常經夫倡婦隨父慈子孝君仁臣忠乃天地之通義佛家出來祝髮爲僧不娶其妻離了父子背了君臣卻去高山峻嶺打坐以求空寂以彼之甘淡薄受苦楚較之世

人夫倡婦隨如鼓瑟琴父慈子孝每食必有酒肉君仁臣忠富貴榮顯者彼若可以言義矣然彼之甘淡薄受苦楚者都是一團私乃利也非義也若

必恭云論義利更精

以細事論道途爭險易之利冬夏爭陰陽之和通是利

○宋儒說有所爲而爲者皆利也此言說得精若無所爲而爲則無意必固我之私乃聖人矣但無所爲而爲可以言三代之士在今科舉之學說不得豈有科舉無所爲而爲乎白沙先生子入試揭曉

夜有詩云靜觀今夜心四海皆名利此言説盡人情故無所爲而爲在今日科舉之學説不得讀此以觀段可世道

○有事同而心異者如韓侂胄與岳飛同不主和議然岳飛心公義也侂胄爲巳利也

此二條言義利

道

○道者路也事物當然之理天下古今所共由之路也因人所共由故以路字名之孟子夫道若大路然是也有物必有則故曰形而上者道也形而下者器也如父子是器父子有親親字是道君臣是器君臣有義義字是道手是器手容恭恭字是道足是器足容重重字是道

此一條言道之字義

○孔子曰一陰一陽之謂道此就造化根原說來橫

渠因此言遂曰由太虛有天之名由氣化有道之名子思說率性之謂道就人性上說和也者天下之達道也與孔子天下之達道五雖同但子思則就人性上事事統言之孔子則專言性之五倫也若可以適道道不遠人則多在人事上說至若洋洋乎發育萬物峻極于天優優大哉禮儀三百威儀三千則兼孔子之一陰一陽張子之氣化子思之率性孔子之達道五並道不遠人可以適道而統言之也

此一條言聖賢論道字不同

○孔子曰朝聞道夕死可矣甚言其道不可不聞也如反孔子之言說如不聞道長生也不可何也人不聞道昏昏昧昧枉過一生與禽獸一般長生何爲故曰朝聞道夕死可矣生死是至大之事朝夕是至近之時以四字抑揚言之見道不可不聞此與孟子行一不義殺一不辜而得天下不爲語意相同行一不義是至微事得天下是至大事不以至微而易至大此可見此心純是義矣

此一條言人當聞道

○自孔子已後到了子思之時道字依然說不明所以子思說箇率性二字出來又恐人不知何以率性又說箇率性下手功夫又說箇率性率循的節次戒慎恐懼者率性之功夫也喜怒哀樂未發謂之中發而皆中節謂之和者率性之節次也天地位萬物育者率性之能事也見道之所以大也

此一條言道非自外乃率其性

○性不離乎形氣而形氣之所發於外者不過喜怒

哀樂而已如無愼獨功夫使之有所忿懥有所恐
懼有所好樂有所憂患皆不得其正安得謂之道
故子思說箇功夫節次二體出來
○大凡人欲必從喜怒哀樂以發於視聽言動方成
人欲未有窅冥空寂而成人欲者聖人遏人欲功
夫其字通不得猛如戒字愼字恐字懼字大學格
字易經懲字窒字克已克字寡欲寡字通無寬緩
舒徐之字蓋人欲之來如對敵也
○人之喜怒哀樂最害事有一樣人也不爲惡但拒

諫人說他一言半句不好他就發怒只是阿諛他他就歡喜且如王介甫何曾爲惡只是性很愎小人諂諛他他就以爲有才知通變若正直君子去諫他他就以爲俗學不通世務如司馬君實范堯夫張天祺通因他去君子既去所用小人爭爲刻薄故禍毒天下益深可見喜怒哀樂最害事所以說有所忿懥則不能得其正介甫是也

此三條言性發於情有喜怒哀樂喜怒哀樂最害事必戒愼恐懼以愼其獨方能發皆中節而

率夫性也

○率性之謂道一章大意言天命之謂性率性之謂道脩道之謂教何以率性之謂道也盖道也者卽吾性之理人不可須臾離者其可離則外物而非道矣故君子有不須臾離之功雖人所不睹不聞之時亦戒慎恐懼惟恐人欲內萌若人欲一萌則情之所發喜怒哀樂不得其正矣性不可得而率也所以然者何也盖莫見乎隱莫顯乎微隱微之中雖人所不睹不聞而已所獨睹獨聞如十目所

視十手所指所以君子必戒慎恐懼以慎其獨者此也既戒慎恐懼以遏人欲則吾性之本體不爲人欲所遮隔障蔽此心如明鏡止水矣故方其人心之未發也吾心廓然大公一團天理謂之中及其人心之既發也物來順應一團天理發皆中節謂之和中也者性之本體也故曰天下之大本言天下萬事之理皆由此出也和也者性之大用也卽率性之謂道也故曰天下之達道也言爲天下古今之所共由也所謂率性之謂道者蓋因加了

戒慎恐懼功夫又由中而至於和率循其自然天理之性所以謂之道也既至此中和地位則天地位萬物育矣蓋性者天地萬物之一原必如是則吾性之能事畢矣

○戒慎恐懼一條言必如此下功夫而後能率其性也莫見乎隱一條乃是上條之意言因如此所以必戒懼以慎其獨也非上一條乃存養下一條乃省察也舍了戒慎恐懼又何以下慎獨功夫宋儒作二事看是樓上加樓屋上加屋矣殊不知戒慎

三條乃下學功夫到了喜怒哀樂三條是聖人之事專言理矣

○喜怒哀樂一條言如此此如此此即是率性矣天下之達道也一句正應率性之謂道句言如此此就是道了故名之爲道必恭云千古之下說率性之謂道方說得明聖人復起不易斯言

此三條反覆言率性之謂道見宋儒註疏之差

○戒愼恐懼乃覺照此心功夫時時操存時時不放就是矣所以說不可須臾離也不睹不聞曰隱曰微皆就此心言非寂靜之時也某常說李延平先

生危坐終日以驗夫喜怒哀樂未發氣象爲何如而求所謂中者此終是禪學若危坐終日以求其中則未危坐之時又須與離矣殊不知喜怒哀樂未發謂之中乃理也理安能危坐以求之（必恭云延平亦是屈服）李延平又說學問之道不在多言但默坐澄心體認天理若見雖一毫私意之發亦退聽矣（屈服屈服）若依此言則未默坐之時又須與離矣所謂不可須與離者是把戒慎恐懼遏人欲以存天理作一箇課程朔也是此課程遏人欲以存天理不須與離暮也是此課

程遏人欲以存天理不須與離一事也是此不須與離萬事也是此不須與離默坐澄心之時也是此不須與離繽紛多事之時也是此不須與離常時事君事親處友也是此不須與離變時刀鋸在前鼎鑊在後也是此不須與離在孔門也是此不須與離故曰君子無終食違仁造次必于是顛沛必於是在孟子也是此不須與離故曰是集義所必有事云皆程生者必有事焉而勿正心勿忘勿助長也此之謂朱所未發者思無邪此之謂無不敬久而入之至於至誠無息

無息者此不須臾離也純一不已者此不須臾離也雖是聖人查滓渾化然聖人豈無人心但聖人義精仁熟雖有人心然從心所欲不踰矩人心亦道心矣故曰閑邪存其誠言龍德中正之聖人既至誠無妄矣而又閑其邪也故曰無斁亦保故曰死而後已既至至誠純一則此心純是一團天理無意必固我之私故與天地合其德日月合其明四時合其序鬼神合其吉凶故考諸三王而不謬建諸天地而不悖質之鬼神而無疑百世以

侯聖人而不惑故肫肫其仁淵淵其淵浩浩其天故能盡人之性盡物之性與天地參故上律天時下襲水土辟如天地無不持載無不覆幬故不見而章不動而變無為而成故聲名洋溢乎中國施及蠻貊舟車所至人力所通天之所覆地之所載日月所照霜露所隊凡有血氣者莫不尊親故曰配天既配天矣豈不天地位萬物育

必黎云此一段見先生道理糊說

此一條言能盡不須臾離之功則能率性矣故天地位萬物育

○大學中庸首章皆聖門頭腦功夫中庸戒慎恐懼者遏人欲也遏此人欲則未發爲中已發爲和中者天下之大本和者天下之達道致中和而天地位而萬物育矣大學格物者遏人欲也遏此人欲則知至意誠心正身脩家齊國治而天下平矣孔門之言無二也大學言明德中庸言達道道與德一而已矣

此一條言孔門大學中庸首章立言皆相同此一段皆千古不易之言

德附明德

○德者得也道與德相離不得天賦我五性之理散于五倫事物其理之當然者謂之道將此道凝聚於此身謂之德故曰苟不至德至道不凝焉故知以知此道仁以體此道勇以強此道謂之達德者此也蓋德字有功夫即大學之所謂有諸已也故曰據於德據者據其實也實能事親則孝即有諸已矣實能事兄則弟即有諸已矣

○此德字德者得也一字盡之矣謂其躬行心得也

善與惡皆可稱之如書言紂穢德彰聞如史言唐之君閨門慙德皆言其惡德也禽獸亦可言之如曰驥不稱其力稱其德是又言禽獸之善德也天地造化亦可言之如曰鬼神之爲德其盛矣乎是也

○書言九德寬而栗柔而立愿而恭亂而敬擾而毅直而温簡而廉剛而塞彊而義曰寬曰柔上九字皆氣質之性此又以天賦我氣質之性我得於天者言之此九者皆德之善者也但恐其有偏故又

定以下九字欲其得中也

○如文公言仁者心之德此又以天賦我之性我心之所得者而言之也

○命於天者爲性受於人者爲理見于事者爲道得于我者爲德一而已矣

此五條言德之字義

○若明德則專以五倫躬行心得言之故孔子曰古之欲明明德於天下者先治其國而門人釋之曰上老老而民興孝上長長而民興弟上恤孤而民

不倍釋治國在齊其家者亦曰孝者所以事君也弟者所以事長也慈者所以使衆也蓋一家之中止有父慈子孝昆弟之交三者而已而事君治民即在其中故撤止之中言此五者必恭云此一段文公屈服

○一家仁一國興仁一家讓一國興讓故堯舜帥天下以仁而民從之有諸已而後求諸人所藏乎身不恕而能喻諸人者未之有也宜其家人而後可以教國人其爲父子兄弟足法而後民法之也此數條皆言爲人上者將五倫躬行心得而後民化

之也則明明德三字不待辨而自明矣天生先生俾斯道大明方有此議論

○此明德二字而今學者遂忽略了孔子曰家有嚴君焉父母之謂也父父子子兄兄弟弟夫夫婦婦而家道正正家而天下定矣孟子曰老吾老以及人之老幼吾幼以及人之幼治天下可運于掌親親仁也敬長義也無他達之天下也人人親其親長其長而天下平堯舜之道孝弟而已矣瞽瞍底豫而天下化瞽瞍底豫而天下父子定若元宗幸

蜀與肅宗相別旅途之間肅宗良心發見南向號泣父子之間何等感傷及元宗還長安居興慶宮李輔國與張后謀遷於西內肅宗畏張后不敢詰內元宗不懌卽不茹葷則父不底豫矣何以化天下也天下若父慈子孝兄友弟恭親親以及人之親長長以及人之長則民決不爭訟旣使民無訟則興仁興讓不必守令不必監司而天下自太平矣所以孔子說父父子子兄兄弟弟而天下定孟子說親親長長天下化治天下可運于掌宋儒將

明德二字忽略過了不曾將大學全本詳看必婪云一本大學通透徹

○大抵大人之學雖上下可通其實帝王之學也春秋之時臣殺其君者有之子殺其父者有之他如新臺有泚以至二子之乘舟姜氏如齊遂有車中之烈禍故管子曰桓公云寡人有所行不幸而好色姑姊妹有不嫁者禽獸聚麀亂家蹢躅五倫之瀆也从矣故孔子推本堯舜克明峻德以親九族九族既睦平章百姓之言乃曰大學之道在明明

德在親民在止于至善所以詔天下後世見帝王之學是如此豈知後儒又解爲虛靈不昧無怪天下治日少而亂日多

此四條言明德

理

○理字與道字大抵相同但道字就散見逼行上說理字則就當然恰好尺寸不可移易上說如大路是道乃天下古今之所其由者然此大路恰好在此處乃當然尺寸之不可移易者移易在別處則

偏旁曲徑非大道矣故天下古今所共由者此道也天下古今所不易者此理也如父慈子孝君仁臣忠是道然慈者乃爲父當然不易之則爲人父止於慈則父盡父道矣孝者乃爲子當然不易之則爲人子止於孝則子盡子道矣君臣亦然手容恭者道也然容恭者乃手當然不易之則若垂拱不成禮則失其當然之則矣非道也足容重者道也然容重者乃足當然不易之則若倚邪不成禮則失其當然之則矣非道也

○理字曰天理者見其原于天命之性也欲字曰人欲者見其出于形氣之私也

此二條言理字義

○性者理也道者理也誠者理也但性自天所命人所受上說道自率其性散見于事物上說誠則理之眞實無妄者故大學中庸止言性言道言誠而不言理以性道誠皆理故也

此一條言理字該得寬

○孟子曰心之所同然者謂理也義也盖理即性性

即理性者天地萬物之一原天地是此理萬物是此理人人是此理豈不同然若稍有不同即不能同然矣人能克去己私不喪失此同然之心則良知本體發見此心如明鏡矣以之照物妍者自妍媸者自媸所以能同然

此一條言人能克去己私則理自發見

忠附中心信

○忠者盡巳天理之心而無一毫人欲之私之謂忠如仁之于父子也我則爲人之父盡其慈之心而無餘爲人之子盡其孝之心而無餘而仁盡夫巳矣義之於君臣也我則爲人之君盡其仁之心而無餘爲人之臣盡其忠之心而無餘而義盡夫巳矣又若爲人謀事乃披心剖腸一片天理不夾雜絲毫人欲此便是忠若少夾帶一毫私意而不能盡一片天理之心不得謂之忠矣必恭云忠字明備

此一條言忠字義

○程子解盡已之謂忠解得是但盡已二字天理人欲皆可言之如盡已去好色盡已去貪財皆盡已也所以後來學者只將忠字當一箇盡我一片心五箇字看而天理人欲夾雜其間不能分曉惟曰盡已天理之心而無一毫人欲之私則忠字曉然明白矣

此一條論宋儒解忠字

○盡已卽孟子盡其心之盡無剩餘之意卽如囊中

有一斗米我潔淨倒囊與人方謂之盡如或留得有半升或半合亦不得謂之盡

此一條論盡已

〇忠者盡已天理之心而無一毫人欲之私之謂忠信者以實天理之心而無人欲之私之謂信忠信有功夫非資質也孔子曰主忠信主是實主之主教人下箇確實的心在學者即思誠功夫君聖人則自然至誠矣孔子曰言思忠如人而無信不知其可也言忠信忠信所以進德也通是有功夫如

曰爲人謀而不忠乎必爲人謀方說得忠如不爲人謀豈有空忠之理如曰與朋友交而不信乎必與朋友交方說得信如不與朋友交豈有空信之理聖人資質生成忠信常人亦有資質近忠信者但聖賢立論說忠信逼就功夫上說故五性仁義禮知信非别有信也仁義禮知皆實心實事卽其信也

○忠信大抵只是誠實爲善意而又分此二字者忠字說得懇密故事君曰忠爲人謀曰忠信字說得

十淡故與朋友交曰信與國人交曰信

此二條論忠信

○若以忠對恕忠是盡巳天理之心而無一毫人欲之私之謂忠恕是推巳天理之心而無一毫人欲之私之謂恕宋儒說忠恕猶形影無忠做恕不出此二句說得極好但不曾提醒天理出來蓋人能忠則千恕萬恕從此出未有不能忠而恕者孔門看得此二字眞所以將來釋一貫

此一條論忠恕

○恕者仁恕也固是仁恕自孔門已後來學者通認不眞通作饒人之意而今官長出告示亦云決不輕恕亦把恕字當饒字矣宋儒作推己而某又添天理之心數字者欲其明備也觀孔子曰一言而可以終身行之者其恕乎己所不欲勿施于人曰勿施于人則我所欲者方施於人即己欲立而立人己欲達而達人是也若有半毫人欲之私夾帶于其中必不能勿施於人矣又曰忠恕違道不遠施諸己而不願則勿施於人若少有半毫人欲之

私夾帶于其中必不能違道不遠矣

此一條論恕必恭云添天理二字恕字方明備

才

○才本是人之能，但與性字一般也，分一个性字氣字出於天地之性者，則所能皆善；出於氣質之性者，則所能有善有惡。孟子從性善好的一邊說來，故曰若夫爲不善非才之罪也。必恭云：才字一段，亦發前賢未發。

此一條言才有兩樣

○有一等人分明天生一段才華，且如晉當危難，桓沖以精兵三千人援京師，謝安固卻之，曰朝廷處分已定；又如唐太宗欲取長安，衆人以無糧草爲辟大宗曰兵貴神速吾撫歸附之衆鼓行而西長安之人望風震駭智不及謀勇不及斷取之若振槁葉耳若淹留坐費日月衆心離沮大事去矣果克長安又如寇準議親征曰陛下欲了此不過五日此料事之才如筮如龜皆古今人所不可及者至若韓信寄食漂母受辱胯下本鄙人也及得富貴不識保身之幾適不足取但用兵一段才華多多益善真如僚之丸庖丁之牛由基之射所以陸士衡稱其策出無方思入神契奮臂雲興騰跡虎

噬者此也又如古今詩人分明有一段別才且如春水船如天上坐老年花似霧中看無可奈何花落去似曾相識燕歸來春水纔添四五尺野航恰受二三人上方月曉閒僧語下界林疎見客行昔人已乘黃鶴去此地空餘黃鶴樓巷南巷北人招飲一晴一雨花耐看通是眼前景致口頭語令人可愛其不善於詩者雖勉强效顰能學其易不免落俗學其難不免黠鬼又如一縣令前來此縣者也是如此錢糧也是如此人民後來此縣者也是

如此錢糧也是如此人民有一樣縣令就做成一朶花有一樣縣令[口疑]唭瞽瞽一縣之事如亂髮亂絲不能剖析爬梳此皆其才不同也故孔子嘆才難雖近日之才與古之才不同然亦皆才也

此一條言天生才不同

○才最害事人當善用之孔明張艮郭子儀善用其才者也曹瞞則成鬼蜮矣所謂善用者正橫渠所謂善反之則天地之性存焉者也

此一條言人當善用才

敬

敬是遏人欲存天理心之跡，然而不懈之謂敬。蓋敬乃五性中禮之所發，乃天理也。聖人取來作功夫，教人敬以直內，因敬字有跡，然意所以將他來作功夫。左右是齋明盛服，非禮不動，就是敬了。宋時儒者通講敬字，就與近日儒者講知字一般。因通講敬字，所以說格物致知也須敬，誠意正心脩身也須敬，齊家治國平天下也須敬，通歸管一路。殊不知格了物則全是天理。宋儒格物二字認不

眞所以陳北溪如此說意旣誠心旣正則敬不必言矣

○宋儒解敬字以主一之謂敬無適之謂主主一無適爲敬也是但去終日端坐乃曰釋氏於敬以直內則有之矣是以釋氏之終日端坐爲敬也此言又差之太遠矣蓋敬無常主如要力耕養父母竦然起一念去勤耕苦種就此一念天理之心不懈卽是敬矣如要孝父母冬溫夏淸竦然起一念去冬溫夏淸就此一念天理之心不懈卽是敬矣如

事君有官守者竦然盡其職卽是敬若少有一毫爲身爲家之私卽非敬矣有言責者竦然盡其忠卽是敬若少有一毫爲身爲家之心卽非敬矣故說敬字乃主于遏人欲存天理竦然而不懈者此也

○端坐也是敬但敬中之一事耳所謂敬者無動無靜無常無變無內無外皆敬也故曰無不敬如坐之時手容當恭若一時少覺縣垂雖不恭卽是人欲卽是不敬乃竦然而容恭則存天理而敬矣足

容當重若一時少覺照倚邪不重即是人欲即不敬乃竦然而容重則存天理而敬矣故曰端坐也是敬但敬中之一事耳

〇程子說釋氏敬以直內則有之矣某說此言差之太遠者何也蓋釋氏冥心閉目終日端坐無非求其空吾儒之敬是件件求其實如入宗廟之中不期敬而自敬是敬神也非空敬也如見大人君子不期敬而自敬是敬大人君子也非空敬也靜之時敬是恐此一念少有人欲之私也非空敬也動

之時敬是恐此一事少有人欲之私也非空敬也
此之謂件件是實如此脩已以敬豈不安人安百
姓所以孔子說敬義立而德不孤如釋氏冥心閉
目終日端坐則孤絶矣豈能德不孤而安人安百
姓哉
○大抵敬字卽是戒慎恐懼功夫但戒慎恐懼就心
之兢業時時覺照防檢上說敬之一字就心之竦
然整齊嚴肅上說而要之皆遏人欲而存天理也
○孔子說敬以直內義以方外此二句非始於孔子

也乃祖以禮制心以義制事二句來敬字即禮字

○自堯舜開精一之傳敬字即有矣如堯之欽明文思湯之聖敬日躋文之緝熙敬止以至戒成王之敬之敬之皆言敬也至孔子將來作功夫曰君子敬而無失曰執事敬曰敬事而信曰行篤敬曰事思敬未常教人終日端坐以為敬也至程子以涵養須用敬乃終日端坐如泥塑人乃曰釋氏之學於敬以直內則有之矣義以方外則未之有也故滯固者入於枯槁疏通者歸於恣肆此佛教所以

爲隘也又曰佛有一箇覺之理可謂敬以直內矣然無義以方外其直內者要之其本亦不是論起程子雖說釋氏有敬以直內之地亦不曾說釋氏之是但門人見得程子喜人靜坐又見程子終日端坐又見程子要識仁又見解主一之謂敬者曰此心不之東不之西所以門人弟子就說天下何思何慮通在釋氏一邊去了至楊龜山李延平通觀喜怒哀樂未發氣象以黙坐澄心爲學載之史書稱之至本朝薛敬齋陳白沙二公再不言古人

解經之是非，獨王陽明一人肯辨論，又將程朱陸子抑揚太過，所以嘉隆已來講學之士皆傳葱嶺之心而文以尼山之言矣，可哀可痛。某生最晚，但仁以為己任，又不容默，如不辨出此一種功夫，害天下後世其毒非小。孟昔人所謂予豈好辨哉，予不得已也。所以說了又說，反覆辨論。朱儒謂主一之謂敬，先生謂竦然不懈之謂敬，可見聖學功夫差不得毫忽。

此七條論敬字

誠

○誠者眞實無妄之謂有在天之誠天命之性付與人物之實理是也有在人之誠反身而誠是也四聖賢不同所以分箇至誠思誠

○天道之誠卽太極之實理理無聲無臭何處見其誠蓋理乘氣機以出入故曰元亨誠之通利貞誠之復以氣候論如春來氣候便漸漸溫厚秋來氣候便漸漸嚴凝以動物論春來便獺祭魚鴈北來秋來便豺祭獸寒蟬鳴以植物論春來便草木萌動秋來便草木黃落以花木論春來開桃李秋來

開菊冬〻來開梅今年是如此明年是如此千年萬年也是如此若以一物論黍千年是黍不變而爲稻稻千年是稻不變而爲粱此便是天之誠

○人之有此實理乃所性而有者也天所賦之理本實但因此理寓於軀殼之中未免有實不實矣其曰不實者乃人欲也若實理之本體豈能增減惟聖人渾然具此實理所以泛應曲當遇子自孝遇父自慈遇臣自忠遇君自仁實理隨處自然發見各足無有欠缺聖人以下未免有私意遮隔所以

有思誠之功

〇誠字兼得忠信忠信兼不得誠所以說一个忠信

又說一个誠

中庸

○中字自堯舜有允執厥中之言中字已儒者知之矣至周末異端起以道別有一道故孔子曰道不遠人人之爲道而遠人不可以爲道所以孔門將中字下添一庸字

○庸不出於中之外言此中乃平常之理也如夫婦父子君臣朋友兄弟其理皆日用之所常行者豈不平常朱子解中庸二字較程子更優

○平常對怪異而言平常者怪異之反也如明帝時

偶說起西域之佛自佛入中國古來止有士農工商此四民者乃民之平常也今添一僧是民之名怪異矣自黃帝製衣冠人皆峩然而冠於首乃首之平常也今則祝髮而顛其首是其首怪異矣人之身體髮膚受之父母不敢毀傷雖刺一針亦必畏其痛此人身之平常也今乃以此身乃假合暫聚生老病死無非苦惱指其身為臭革囊雖食虎狼飽鷹隼燒烈火亦未為不可此身之怪異矣一陰一陽之謂道男女構精萬物化生故有夫必有

妻乾道也坤道也乃夫婦之平常也今乃不娶其
妻而孤其夫是夫婦之怪異矣父子兄兄弟
弟一家之中與仁興讓此父子兄弟之平常也今
離其父子背其兄弟居於深山野箐之中指父子
兄弟爲俗眷是父子兄弟之怪異矣天無二日民
無二王君君臣臣此君臣之平常也今避其徭役
認其師爲法王是君臣之怪異矣天子有故則殺
牛諸侯有故則殺羊士有故則殺犬豕庶人有故
則食珍此飲食之平常也今乃不殺生而名其饌

爲伊蒲塞是飲食之怪異矣人之宫室前爲門中爲堂後爲寢此宫室之平常也今名其居爲淨土爲化城爲梵宫是宫室之怪異矣聖人之道只是平常惟其平常所以反難故曰中庸不可能也譬之畫師聖人之五倫如畫狗馬如頭足少有一毫畫錯了人皆得而指之曰此非狗也此非馬也佛教如畫鬼畫頭長也好腳短也好眼斜也好面黑也好人不得而指之何也鬼人所未見者他說个前生後世天堂地獄以聾天下之耳以瞽天下之

曰愚者畏而不敢言其非所以佛教盛行於天下

必恭云佛委

係是怪異

老佛

○歐陽忠公云禹走天下乘四載治百川可謂勞其形矣而壽百年顏子蕭然坐于陋巷簞食瓢飲外不誘於物內不動于心可謂至樂矣而年不及三十斯二人者皆古之仁人也勞其形者長年安其樂者短命蓋命有長短禀之於天非人力之所能爲也惟不自戕賊而各盡其天年則二人之所同也此數語足以破千古神仙之疑然天地間理外事甚多蓋造化之氣揉雜不齊精氣游魂變動不

一如秦始皇二十八年有大人長五丈足六尺十二人見于臨洮觀有此長大之人則神仙有可知矣然皆天之所生非人力所可致也

○致堂胡氏云佛不親其親而謂異姓爲慈父不君世王而拜其師爲法王棄其妻子而以生續爲罪垢是淪三綱也視父母如怨仇則無惻隱滅類毀形而不恥則無羞惡取人之財以得爲善則無辭讓同我者卽賢異我者卽不肖則無是非是絕四端也三綱四端天命之自然人道所由立惟蠻夷

戎狄則背違之而毛鱗蹄角之屬咸無焉不欲爲人已矣必欲爲人則未有淪三綱絕四端而可也只此數句即足以闢佛矣不必再說佛之别條也

○然苾剃鬚髮之徒遍天下而反多於老何也蓋他也有能動人處唐李文公翱問藥山禪師曰如何是黑風吹船飄入鬼國師曰李翱小子問此何爲文公愓然怒形於色師笑曰發此瞋恚心便是黑風吹船飄入鬼國也蓋佛經通是喻言黑風者暴風也飄入鬼國者覆舟也黑風吹船飄入鬼國喻

人暴氣足以僨事有此動人處所以高明之士往往陷於其中而佛反多於老

○佛家欲張大其祖宗就說佛乃周莊王之九年四月八日母自右脅而生老氏亦如此張大殊不知天地絪緼萬物化醇男女構精萬物化生此造化之正理也故天地之人物非形生則氣化如稷契聖人之生此天地絪緼以氣化而生者也如堯舜禹湯文武周孔聖人之生皆男女構精以形化而生者也雖氣化形化不同然皆如常人之產豈有

自有資生之理哉欲張大其祖宗以愚惑世人故其謬妄至此崇信佛老者見先生四段有悚

此四條論老佛

格物

〇格物巳見格物諸圖一册格物者格去其物欲也格去其物則無欲而一矣此所以說吾道一以貫之聖人復起不易吾言矣得此三字聖學就下得手宋儒將格物二字認不眞又將一貫一字認不眞無處下手所以程子說道之浩浩何處下手惟立誠才有可居之處所以終日端坐

一附一貫

○一對二而言如言白米淨淨純是白米再無一粒紅米謂之一若雜一粒紅米卽二矣如言白金淨淨十分是白銀再無一毫銅謂之一若雜一毫銅卽二矣

此一條論一字義

○王弼曰一者數之始也物之極也極字與太極之極字同老子云天得一以淸地得一以寧萬物得一以生此數句說得是不可以入麼言孔子說吉

凶悔吝生乎動者也吉凶者貞勝者也天地之道貞觀者也日月之道貞明者也天下之動貞夫一者也蓋言吉凶惟以貞而勝不論其吉凶如富貴吉矣苟乃不義之富貴則不貞矣雖吉亦凶也如殺身舍生凶矣而成仁取義則貞矣雖凶亦吉也是吉凶不論其吉凶惟以貞而勝也故天地之道有此貞固之理所以顯示兩儀而觀日月之道有此貞固之理所以懸象晝夜而明天地日月如此而況于人乎故天下之動有吉有凶惟以貞而勝

所以然者何也以其無欲也惟其無欲所以不論吉凶不能勝若少有一毫之私欲豈能貞而勝哉蓋貞則不僞妄一則不駁雜皆是無人欲之私但不駁雜方能不僞妄所以說貞夫一此句正應貞勝一句天地日月特引言以見貞之義大也孔子告哀公知仁勇三者天下之達德也所以行之者一也蓋言無欲則足以脩德而凝道矣非誠也故中庸大哉聖人之道一章君子尊德性而道問學亦是求其一而無欲必恭云此全重貞字最是

○孔子說吾道一以貫之則孔子所以接堯舜之心傳此一也所以開萬世之心學者此一也此一字乃心學喫緊功夫不必別求宗旨矣此一字不明又何以望入聖人之堂室

○打通此一字則聖賢功夫無非求此一而已知者所以知此一也行者所以行此一也故孔子告曾子子貢皆以一字告之故大學頭腦功夫教人格物格物者格去其物欲所以求此一也中庸頭腦功夫教人戒慎恐懼者防檢其物欲所以求此一

也乾卦孔子教人以誠其曰進德者進此一之德

也居業者居此一之業也坤卦孔子教人以敬其

曰直内者直此一於内也方外者方此一於外也

以此方入聖方有頭腦方有歸宿不然終日所講

不過葛藤

此三條反復論一字

○學者要想孔子獨以吾道一以貫之一字與曾子

子貢說之之故

○既得此一即樂矣蓋仰不愧俯不怍反身而誠豈

不樂既然樂則大行不加窮居不損做隱者即做
宰相何也居天下之廣居立天下之正位行天下
之大道人知之亦囂囂人不知之亦囂囂明着衣
冠高談仁義天子不得臣諸侯不得友豈不是做
隱者即做宰相做宰相即做隱者何也斷斷兮無
他技其心休休焉其如有容焉人之彥聖其心好
之不啻若自口出以先知覺後知以先覺覺後覺
行一不義殺一不辜而得天下不爲匹夫匹婦有
不被堯舜之澤者若已推而內之溝中如此無欲

故能放君于桐而不爲篡故能誅監殷而不以爲怨蓋一絲不掛一毫不染惟知容天下之賢惟知愛天下之民惟知有國家之社稷故雖有宰相之貴而其無欲則忘身忘家即隱者也豈不是做宰相即做隱者後世若清得門如水貧惟帶有金屬纔之曰家無餘貲亦庶幾近之蓋無欲即樂所以周茂叔每教人尋孔顏之樂者此也必恭云何等人品方說得出

此一條言無欲即樂

○無欲即與天同純是理矣所以在造化爲太極在

聖人爲一貫

此一條言聖同天

○一貫此二句也容易看近日學者因將忠恕二字釋一貫就千講萬講朱註說一理渾然而泛應曲當譬則天地之至誠無息而萬物各得其所也此四句解得極是蓋大道理原不過如此若近日學者解一貫忠恕全不是話了但朱子雖解得是還畧差些微不如解一即惟精惟一之一純一不已之一以貫之譬天地之有太極而萬物從此出

也蓋一字乃古今聖賢常說之字非孔子突出也聖賢說話止有一箇一無有兩箇一堯舜惟精惟一文王純一不已先孔子而生者有此一字孔子祖述堯舜憲章文武則此一字從此來也孔子說天下之動貞夫一者也又說所以行之者一也以一而貞天下之動以一而行天下之達道非一貫（必恭云後來學者不能贊一辭矣聖人復起不易某言）乎又說同歸而殊途易簡而天下之理得皆一貫之意後孔子而生者亦曰聖可學乎曰一爲要一者何也無欲也人之所以學聖人者不過學此一

而已矣但天下之動貞夫一等語皆論理不曾說到我身上來旣不曾說到我身上來則我與理相爲對待猶爲二也獨精一之一純一之一則我卽理理卽我矣故孔子不曰參乎吾道一理以貫之乃舍理字而曰吾道一以貫之可知矣蓋有此忠千恕萬恕從此出有此一千事萬事從此貫所以說夫子之道忠恕而已矣

○一者無欲也無欲則我此身一團天理無意必固我之私如精金一般再無一點銅如美玉一般再

無一點瑕查滓渾化所以謂之一一字本是理但我無欲而純是天理故不謂之理謂之一既一則江漢以濯之秋陽以暴之皜皜乎不可尚也不曰堅乎磨而不磷不曰白乎涅而不緇所以遇親則（必參云非一安能如此）孝遇君則忠遇友則信可以見南子可以應弗擾可以去獵較即天地有太極而物各付物矣又譬之神仙家說養成一粒粟米丹穿山透海也是此一粒丹騰雲走霧也是此一粒丹騎龍駕鳳也是此一粒丹點銅變鐵也是此一粒丹之意朱子將

貞夫一解作理所以行之者一解作誠無惟近日講一貫忠恕者紛紛也

○陳北溪云天只是一元之氣流行不息如此卽這便是大本便是太極萬物從這中流出去或纖或洪或高或下或飛或潛或動或植無不各得其所欲各具一太極去箇箇各足無有欠缺亦不是天逐一去粧點皆自然而然從大本中流出來此便是天之一貫處宋儒說一貫此條說得極是

此三條論一貫

一也是天理之心去貫萬事無一毫人欲之私忠也是天理之心去行恕無一毫人欲之私所以將忠恕釋一貫必恭云何等見解明白

此一條言曾子以忠恕釋一貫

讀書

○天下無不讀書之聖人但聖人緊要功夫在格物在克己教人非禮勿視非禮勿聽非禮勿言非禮勿動要格了此物欲使此心湛然無欲不萌起萬滅無思無慮如明鏡止水也未嘗教人終日靜坐也自程子喜人靜坐以文字乃玩物喪志不多讀書張敬夫說程子在涪讀易有一箍桶人問伊川未濟男之窮也一句如何說伊川不能荅其人荅曰三陽失位故伊川作易傳到此卦云此義也聞

之成都隱者此一語火珠林已有朱子說程子不讀
雜書所以被他動了所以所傳之徒通講默坐澄
心至陸子與邵叔義書云知之爲知之不知爲不
知是知也後世耻一物之不知者亦耻非其所耻
矣人情物理之變何可勝窮雖聖人不能盡知也
稷之不能審於八音夔之不能詳於五種自用其
私者乃至於亂原委之倫顛萠葉之序窮年卒歲
靡所底麗焦焦然思以易天下豈不謬哉此言分
明是說朱子自此書一出天下學者欲直指傳心

通引稷之不能審于八音夔之不能詳于五種來作證而幾于廢書矣可哀可痛朱子豈不知心爲原而文字爲委心爲萌而文字爲葉哉窮年卒歲在文字固不可若窮年卒歲閉目打坐可乎不可乎是眞正惠可矣朱子說杲老與張侍郎書云左右既得此欛柄入手便可改頭換面却用儒家言語說向士夫接引後來學者如此何故何故且始終發露如曰獅子咬人狂狗逐塊又曰耳自能聰目自能明又曰六經註我我註六經皆禪語也此

皆是偏處[illegible][illegible]依孔子孔[illegible]好古敏求就好古敏求教多識前言往行以畜其德就多識前言往行教天下何思何慮就無思無慮人之心左右合其湛然無欲如明鏡止水就是靜坐方能湛然無欲而讀書卽不能湛然無欲乎大抵天下無讀書成心病之人但讀書要識痛癢博學而詳說之將以反說約也心譬如人家陽宅基址此乃根基也且人家只空空死守此根基起房屋者爲此根基也種桑麻者爲此根基也栽松柏竹木者爲此

根基也如此知痛癢何害於讀書若悲天下後世如
悲可而眞指傳心故終之以讀書焉